AF396702

www.ingramcontent.com/pod-product-compliance
Ingram Content Group UK Ltd.
Pitfield, Milton Keynes, MK11 3LW, UK
UKHW020323130726
13696UKWH00003B/1138

CATALOGUE

DES

MANUSCRITS ARABES

PERSANS ET TURCS

Offerts à la Bibliothèque Nationale

par M. J.-A. DECOURDEMANCHE

PUBLIÉ PAR

E. BLOCHET

PARIS

ERNEST LEROUX, ÉDITEUR

28, RUE BONAPARTE, VIe

1909

CATALOGUE

DES

MANUSCRITS ARABES

PERSANS ET TURCS

6233

BIBLIOTHÈQUE NATIONALE

CATALOGUE

DES

MANUSCRITS ARABES

PERSANS ET TURCS

Offerts à la Bibliothèque Nationale

par M. J.-A. DECOURDEMANCHE

PUBLIÉ PAR

E. BLOCHET

PARIS

ERNEST LEROUX, ÉDITEUR

28, RUE BONAPARTE, VIᵉ

1909

UNE COLLECTION DE MANUSCRITS MUSULMANS

Une collection de 158 manuscrits arabes, persans et turcs
a été donnée à la Bibliothèque Nationale, au mois de jan-
vier 1908, par M. Decourdemanche. qui déjà, à trois reprises
différentes, s'est montré particulièrement généreux envers
cet établissement.

Ces manuscrits n'enthousiasmeront pas les arabisants,
qui jugent que les ouvrages historiques courants étant les
plus aisés à comprendre de tous ceux qui ont été écrits en
langue arabe, sont les seuls qui offrent quelque intérêt,
tandis que le reste de la littérature musulmane se compose
de billevesées et de sottises indignes d'attirer l'attention d'un
homme en possession de la saine méthode et qu'il faut
avoir les esprits animaux quelque peu dérangés pour lui
consacrer ses loisirs.

Si l'histoire musulmane est une branche fort importante
des littératures orientales, celles des autres sciences, la jurisprudence et la grammaire, qui sont amplement représentées
dans la collection de M. Decourdemanche, offrent un intérêt non moins grand et peut-être supérieur, car ce sont
les seules qui permettent de se faire une idée à peu près
juste de l'intellectualité ou, si l'on veut, de la façon de penser,
de la tournure d'esprit, de l'état d'âme, des hommes qui
ont professé la foi islamique durant les treize siècles qui
nous séparent de l'hégire du Prophète.

Sans doute, les préoccupations politiques qui, depuis

I

plusieurs années et surtout depuis le jour de la bataille de Moukden, sont venues bouleverser la pensée de l'Islam, tendront de plus en plus à distraire ses sectateurs de ces études austères dans lesquelles leurs ancêtres se sont plongés au point de s'y noyer, et dans lesquelles ils ont peut-être cherché un refuge inconscient contre la désespérance de leur présent; on ne saurait arrêter la terre sur son axe et il est certain qu'au point de vue strict de la raison pratique, les ingénieurs qui ont posé dans le désert d'Arabie les rails du chemin de fer de Damas à Médine ont fait une œuvre plus immédiatement utile que Zamakhshari et tous les glossateurs de la *Kafiya* de Ibn el-Hadjib.

Seulement, les idées nouvelles risquent fort d'entraîner l'Islamisme dans des voies toutes différentes de celles qu'il a suivies jusqu'au commencement du quatorzième siècle de l'hégire, et il se peut fort bien que, dans 150 ans et même moins, la société musulmane, j'entends la société pensante, les honnêtes gens, comme l'on disait au grand siècle, soit aussi différente de la société qui vécut sous le sceptre d'Abd el-Hamid Khan Ghazi ou de Nasir ed-Din Shah Kadjar, que nous différons des Français du temps de Louis XV, et peut-être même plus.

Les Musulmans qui, jusqu'à l'extrême fin du moyen âge, et même dans la Transoxiane sous le règne des descendants de Timour le boiteux, s'étaient faits les héritiers de la civilisation hellénique et qui avaient porté les sciences exactes à un degré prodigieux de perfection, perdirent tout à coup l'avance qu'ils avaient prise sur l'Occident et abandonnèrent, on peut dire complètement, le patrimoine de leurs ancêtres pour se cantonner strictement dans l'étude de la jurisprudence et de la grammaire arabe. J'exposerai à une autre occasion les causes très profondes de cet arrêt subit ou, en empruntant la terminologie de l'Analyse, les origines de ce point de rebroussement, car ce n'est pas le lieu de le faire ici, mais il est bien certain que c'est là qu'il faut cher-

cher la cause première et efficiente de la décadence dans
laquelle sont tombées les nations musulmanes, bridées de
tous les côtés par des races puissamment armées qui escomp-
tent leur agonie et qui font tout pour la précipiter.

Quelles que soient les routes dans lesquelles s'engagera
l'Islamisme scientifique et constitutionnel, il est certain
qu'il sera complètement différent de l'Islamisme des
anciens régimes, et qu'on ne pourra connaître l'esprit du
monde musulman avant le commencement du vingtième
siècle, qu'en lisant les livres qui ont servi à l'instruction des
générations disparues, et dans lesquels on retrouve le reflet
de la pensée et de la méthode des hommes qui ont vécu au
temps de la théocratie du Khalifat, ou de l'autocratie des
sultans qui substituèrent leur autorité à celle du pontife de
Bagdad.

C'est ainsi que ces ouvrages, qui témoignent tous de la
parfaite érudition de leurs auteurs et du soin extrême qu'ils
ont apporté à leur composition, valent moins par la doctrine
qui y est enseignée et par la méthode qui y est exposée que
comme témoins du développement intellectuel d'une civilisation qui fut jadis l'arbitre des destinées du monde. Et
ces livres conserveront indéfiniment cette valeur, même
quand l'évolution scientifique de l'Islamisme les aura fait
reléguer dans le campo santo de la scolastique pour les rem-
placer par des ouvrages conçus sur d'autres plans, avec des
méthodes différentes, et surtout quand les études de philologie et de théologie pures auront cédé la place à des études
plus immédiatement pratiques.

Il est indiscutable que le *cursus* des études dans le monde
de l'Islam présente de singulières similitudes avec celui des
humanités de notre ancien régime, et que ceux qui l'ont suivi
jusqu'à ses extrêmes limites, s'ils connaissent jusque dans
leurs moindres détails les subtilités et les pièges de la grammaire arabe et s'ils savent à merveille se retourner dans le
maquis de la jurisprudence sunnite ou shiïte, peuvent ne

rien connaître des exigences de la vie pratique et du monde extérieur, aussi peu que les savants juristes qui écrivirent les *Sommes* dont Boileau s'est assez lourdement moqué dans le *Lutrin*.

Les livres de grammaire arabe, qui sont des ouvrages d'une merveilleuse facture et d'une science parfaite, auxquels il faudra toujours recourir quand on voudra savoir autre chose que les éléments stricts de la langue arabe, ou du sabir, et comprendre le génie de l'arabe, ce qui est très différent, présentent assez d'analogies avec les livres qui étaient en usage dans les écoles avant la réforme de Port-Royal ; il est possible que l'on renonce dans le monde de l'Islam à un plan traditionnel qui, pour certains d'entre eux, l'*Alfiyya* ou l'*Adjouroummiyya* par exemple, exige de la part des élèves un effort de mémoire considérable, pour adopter un plan différent, identique ou analogue à celui des livres dans lesquels on étudie le latin et les autres langues ; il se peut même, qu'à un bref délai, l'étude des humanités arabes soit reléguée, par l'acquisition de connaissances plus directement utiles, à des plans de plus en plus lointains, comme cela s'est passé en Occident depuis une cinquantaine d'années. D'ailleurs, cette étude, ainsi que celle de la jurisprudence, qui ont été presque exclusivement celles de l'ancien régime, deviendront suspectes aux partisans du nouvel état de choses et, au moins en Perse et en Turquie, les sciences koraniques et la philologie, qui étaient l'apanage des juristes et des théologiens, risquent fort d'être considérées comme des sciences de réaction, cultivées par des hommes qui étaient en somme, au moins par intérêt, les plus fidèles soutiens du trône des sultans autocrates.

Quoi qu'il en soit, que cette réforme soit heureuse ou que, saturés de notions nouvelles, les étudiants musulmans ignorent tout de la culture de leur passé sans pouvoir assimiler le fatras qu'on leur imposera, ce n'est pas dans des livres rédigés sous l'inspiration des méthodes européennes et des programmes occidentaux que l'on pourra aller chercher l'esprit de l'Islamisme, pas plus que l'on ne saurait trouver celui du Japon de l'ancien régime dans les traductions de livres anglais ou français qui servent aux sujets du Mikado à franchir les portes des écoles militaires de l'empire du Soleil Levant.

L'étude de la civilisation musulmane ancienne ne pourra jamais se faire avec d'autres documents que ces livres de théologie, de jurisprudence et de grammaire que les orientalistes négligent volontiers parce qu'ils appartiennent à un stade de l'esprit humain qui n'est plus le nôtre depuis longtemps et qui reporte, sans aucune transition et sans aucune préparation, ce qui est plus grave, en plein moyen âge, alors que l'évolution des études qui s'est produite en Occident depuis la Renaissance rend à peu près incompréhensibles, sans un long travail, les livres écrits en latin par les maîtres de la scolastique.

On trouvera dans la collection de M. Decourdemanche plusieurs manuscrits anciens et fort intéressants d'ouvrages classiques et célèbres en Orient, tels un fragment de Koran probablement copié par le célèbre calligraphe Yakout el-Mostaasémi (arabe 6309) ; un fragment du *Keshshaf* de Zamakhshari du commencement du quatorzième siècle (arabe 6315) ; un fragment d'un commentaire du commentaire du Koran de Beïdhawi du commencement du quatorzième siècle (arabe 6313) ; un traité de traditions datant du treizième siècle (arabe 6325) ; un recueil de gloses sur le traité de jurisprudence d'Aboul-Ridja, de la fin du quatorzième siècle (arabe 6337) ; un fort ancien exemplaire des *Makamat* de Hariri (arabe 6382) ; un recueil de traités sur la lecture du Koran (supp. persan 1673) ; un recueil de *Rauçès* (supp. persan 1677) ; un commentaire en persan de la *Kafiya* d'Ibn el-Hadjib (supp. persan 1707).

Mais l'importance de cette collection, qui provient presque entièrement de Samarkand, consiste surtout dans ce fait qu'elle représente à peu près toute la science juridique et philosophique des Sartes et des Tadjiks de Boukhara, de Samarkand, de Kashghar, en somme des Musulmans du Turkestan russe et du Turkestan chinois, et qu'elle permet de se faire une idée très précise de la culture des gens qui vivaient dans ces contrées au dix-neuvième siècle, car une grande partie des volumes qui la composent ont été copiés à cette époque. Cela ne manque pas d'intérêt, et il est probable que si l'on voulait se livrer dans le pays même à une enquête sur ce sujet, on se heurterait à plus d'une difficulté et que, tout au moins, on y mettrait un temps considérable sans être bien sûr de pouvoir obtenir tous les renseignements que l'on solliciterait.

Cette étude n'est d'ailleurs pas à la gloire de ceux qui en fournissent les éléments, car l'on ne trouve guère dans cette collection que les ouvrages essentiels pour une communauté musulmane lettrée à un minimum et les copies modernes des ouvrages de théologie et de grammaire montrent que la connaissance de la langue arabe, la base des études musulmanes, est en pleine décadence dans le Turkestan. En réalité, cette décadence remonte fort loin et elle ne date pas d'hier, car, déjà à l'époque des Timourides, on trouve, tant dans les livres que dans les textes épigraphiques, des fautes grossières, d'affreux barbarismes, qui montrent que, déjà à cette époque relativement lointaine, la connaissance de la langue arabe était très inférieure à ce qu'elle est aujourd'hui en Perse, où les étudiants en théologie, sans parler des moudjtéhids, surtout ceux de Nédjef et de Kerbéla, sont passés maîtres dans les secrets des sciences du *sarf* et du *nahv*. Ces copies sont d'ailleurs, en général, exécutées par des gens sans soin, qui ne prennent aucun goût à leur travail, qui n'indiquent presque jamais les titres des ouvrages, vraisemblablement parce qu'ils ne les connaissent plus, et qui sont ignares au point d'avoir oublié la division traditionnelle des livres les plus courants, tels que la *Kafiya* d'Ibn el-Hadjib. En l'absence de tous autres indices, cette malfaçon et cette ignorance crasse et révoltante suffiraient à montrer l'irrémédiable décadence du peuple qui habite ces contrées, qui furent jadis un foyer de science et de culture littéraire.

.˙.

Le *cursus* des études classiques, des humanités, chez les Shiïtes de Perse, comprend l'étude des ouvrages suivants, dans leur ordre :

1° Les études de grammaire arabe : l'انموذج de Zamakhshari, puis l'اجرومية de Mohammed el-Sanhadji, qui sont deux ouvrages élémentaires, la الكافية d'Ibn el-Hadjib, qui est un traité équivalent à l'الالفية d'Ibn Malik; au-dessus de ces deux ouvrages, et plus complet qu'eux, se trouve le قطر الندا, qui est un excellent traité de grammaire arabe, mais qui n'est pas classique en Perse; au-dessus, est le célèbre traité intitulé المغنى d'Ibn Hisham et enfin, en dernier lieu, on étudie le commentaire de la *Kafiya* d'Ibn el-Hadjib par Radi. La grammaire de Sibawaiyyih n'est point classique en Perse et ses manuscrits en ont toujours été fort rares; c'est un ouvrage infiniment supérieur au *Moghni* et sur lequel repose, en somme, la connaissance parfaite de la langue arabe; c'est ce livre qu'il faudrait, en Orient, prendre comme base d'une renaissance des études philologiques;

2° Les études de logique, qui comprennent l'acquisition de trois traités : les *Gloses* par Molla Abd Allah Yezdi sur le تهذيب المنطق de Taftazani, le commentaire de la *Shemsiyya* par Kotb ed-Din Razi, l'auteur des محكمات, puis le commentaire du مطالع الانوار de Siradj ed-Din el-Armavi ;

3° Les études de théologie, dont le programme est le suivant : le تجريد الكلام de Nasir ed-Din Tousi avec ses trois commentaires, l'un par Ali Koushtchi, l'autre par Allamè Yousouf ibn el-Motahher el-Helli qui vivait à l'époque d'Houlagou, le troisième par Abd er-Rezzak el-Lahidjani, l'auteur du كوهر مراد ;

4° Les études de philosophie, qui comprennent le commentaire des اشارات d'Avicenne par Nasir ed-Din Tousi ou par Fakhr ed-Din Razi, le شفاء d'Avicenne, les أسفار de Molla Sadra, et le commentaire par l'auteur lui-même de la منظومة, qui a été écrite par Hadji Molla Hadi Sebzévari.

L'étude de la jurisprudence comprend les études parallèles des sources de la jurisprudence أصول الفقه et de la jurisprudence elle-même فقه. Les ouvrages dans lesquels on étudie les sources de la jurisprudence sont, dans l'ordre de la difficulté de leur texte : les معالم par le neveu de Zeïn ed-Din ibn Mekki ; le قوانين الاصول de Mirza Aboul-Kasem Koummi, le كتاب الرسايل de Mourtéza el-Ansari. Ceux dans lesquels on étudie la jurisprudence proprement dite sont le شرايع الاحكام d'el-Mohakkak el-Avval, qui a été fort bien traduit en français, le شرح اللمعة الدمشقية dont le texte est de Shahid el-Avval et le commentaire de Shahid el-Thani, les Persans le considèrent comme le meilleur livre de droit qui existe ; le الشرح الكبير للمختصر النافع, le texte étant de Mohakkak el-Avval et le commentaire de Bahr el-oloum. Il va sans dire que tous ces livres sont écrits en arabe.

***

Les fondements de la loi religieuse اصول الدين *ousoul ed-din* sont au nombre de cinq : l'unité de la Divinité توحيد, la justice عدل, la prophétie نبوة, l'imamat امامة et la vie future معاد: les *ousoul ed-din* forment, en somme, la philosophie spéciale à l'Islamisme, la philosophie scolastique qui, dans la terminologie arabe, est nommée كلام : le meilleur ouvrage qui en traite est le commentaire par le célèbre Ali Koushtchi du تجريد الكلام du non moins illustre astronome Nasir ed-Din Tousi. Tout ce qui est en dehors de la philosophie scolastique كلام porte chez les Musulmans le nom de حكمة, philosophie rationaliste, telle celle qui se trouve exposée dans les livres d'Avicenne et d'Averrhoès. Les auteurs arabes disent : الكلام العلم بحقائق الاشياء على قدر الطاقة البشرية على نهج قانون الاسلام « La philosophie scolastique est la science par laquelle on connaît les réalités des choses, autant que le permet la capacité humaine, en suivant la voie de la loi de l'Islam » et الحكمة والفلسفة العلم بحقائق الاشياء على قدر الطاقة البشرية سواء كان على نهج قانون الاسلام ام لا « La philosophie rationaliste est la science par laquelle on connaît les réalités des choses, autant que le permet la capacité humaine, soit en suivant la voie de la loi de l'Islam, soit en ne la suivant pas. » La science qui traite des quatre fondements de la jurisprudence فقه est celle des اصول الفقه *ousoul el-fikh* ; pour les Schiïtes, les quatre fondements de la jurisprudence sont : le Livre الكتاب, autrement dit le Koran, la Tradition السنة qui comprend l'ensemble des traditions musulmanes الاحاديث, l'unanimité des docteurs الاجماع et la raison العقل; c'est en ce sens qu'ils disent : الاحكام الشرعيّة المستنبطة من الكتاب والسنة والاجماع والعقل « Les préceptes de la loi religieuse sont dérivés du Koran, de la Sounna, de l'unanimité des docteurs et de la raison ». Pour les Sunnites, ces quatre fondements sont le Koran, la Tradition, l'unanimité des docteurs et l'analogie القياس. Cette seule différence suffit à elle seule à montrer la divergence absolue de l'esprit arabe qui entendait résoudre les problèmes les plus difficiles par des analogies souvent contestables, car les choses de la vie ne s'enchaînent guère d'après les règles de la logique, et de l'esprit iranien, qui entendait les traiter par la raison et le raisonnement. Tout le Schiïsme est en germe dans cette différence d'un mot, si légère et si inappréciable en apparence. Les préceptes de la loi religieuse se divisent en deux catégories bien distinctes, les العبادات ou pratiques du culte qui exigent une intention نيّة de se rapprocher de Dieu, telles la prière, le jeûne, le pèlerinage, et les المعاملات qui forment plus spécialement la partie juridique, la seconde, des traités de jurisprudence et qui règlent les relations des hommes entre eux, tels la vente, le louage, le divorce, etc. Les pratiques du culte sont toujours étudiées au commencement des livres de jurisprudence et elles en forment la première partie ; elles manquent très souvent et la plupart de ces traités ne contiennent que la seconde partie, celle des relations des hommes vivant en société.

Arabe 6309.

Fragment d'un Koran.

Cet exemplaire, qui est d'une très belle écriture neskhi, est probablement de la main du célèbre calligraphe Yakout el-Mostaasémi, qui a écrit des Korans de ce style et de cette dimension.

XIIIe siècle. 39 feuillets. 19 sur 15 centimètres. Reliure en demi-chagrin.

Arabe 6310.

Plusieurs sourates du Koran.

Grosse écriture neskhi copiée dans la Transoxiane dans la seconde moitié du XIXe siècle. 98 feuillets. 20 sur 13 centimètres. Reliure en demi-parchemin.

Arabe 6311.

Plusieurs sourates du Koran.

Grosse écriture neskhi copiée dans la Transoxiane dans la première moitié du XIXe siècle. 31 feuillets. 23 sur 15 centimètres. Reliure boukhare en papier vert.

Arabe 6312.

Plusieurs sourates du Koran.

Grosse écriture neskhi de la Transoxiane copiée au XIXe siècle. 89 feuillets. 13 sur 21 centimètres. Reliure boukhare.

Arabe 6313.

Fragment du commentaire du Koran de Zamakhshari, sans titre ni nom d'auteur.

La première sourate complète est la sourate *Ya-sin*.

Ce volume porte le cachet du vakf de la bibliothèque de Khadjè Mohammed Parsa, voir Arabe 6349.

Très bon neskhi en partie vocalisé du commencement du XIVe siècle. 141 feuillets. 17 sur 15 centimètres. Reliure en demi-maroquin.

Arabe 6314.

الترجمة الجريدة فى شرح القصيدة الشاطبية. Commentaire sur la el-Kasida el-Shatibiyya, traité en vers sur les 7 leçons du Koran, par

Aboul-Kasem Mohammed ibn Ferro el-Shatibi († 590 de l'hég.), par Kasim ibn Ibrahim el-Kazwini qui, dans sa préface, déclare avoir suivi les cours des meilleurs docteurs ès science de la lecture du Koran en Perse, dans le Hedjaz, dans le Yémen, en Syrie et dans d'autres pays musulmans et avoir obtenu d'eux un diplôme lui conférant l'autorité nécessaire pour enseigner cette science ; ce commentaire de la حرز الامانى ووجه التهانى n'est point cité par Hadji-Khalifa.

Assez bonnes écritures neskhi et nestalik datées de 870 de l'hégire (1465 de J.-C.) et copiées en Perse. 266 feuillets. 21 sur 14 centimètres. Reliure en demi-chagrin.

Arabe 6315.

Volume dépareillé, peut-être le second, d'un ouvrage destiné à l'explication des passages difficiles du commentaire sur le Koran de Beïdhawi.

Cet ouvrage ne porte aucune indication de titre ni de nom d'auteur qui permette de l'identifier ; il paraît plus ancien que ceux dont parle Hadji-Khalifa (t. I, p. 474) ; étant donnée la date à laquelle fut copié ce manuscrit, il est même impossible qu'il contienne les gloses de Shems ed-Din Mohammed ibn Yousouf el-Kermani († 786).

Écriture neskhi cursive, vraisemblablement de la première moitié du xive siècle. 94 feuillets. 25 sur 19 centimètres. Cartonnage.

Arabe 6316.

Premier volume d'un exemplaire, qui devait en comprendre trois, du commentaire sur le Koran de Beïdhawi, suivi d'une poésie en persan sur la lecture du texte koranique, intitulée dans la souscription نظم القواعد par un certain Mohammed Zahid, du nom des sept lecteurs, d'un opuscule phonétique d'une page, d'une *kasida* en arabe, par Mohammed ibn el-Djézéri el-Shaféï, sur la phonétique arabe et sur la lecture du Koran avec des gloses marginales et interlinéaires.

Neskhi médiocre copié dans la Transoxiane vers le milieu du xixe siècle. 95 feuillets. 13 sur 19 centimètres. Reliure boukhare en papier vert signée par un certain Molla Yoldash Sahhaf.

Arabe 6317.

Manuscrit sans titre, incomplet du commencement qui contient le

recueil des gloses de Shihab ed-Din Ahmed ibn Mohammed el-Kha-
fadji el-Misri († 1069) sur le commentaire du Koran de Beïdhawi.

Bonne écriture égyptienne datée de 1036 de l'hégire (1626 de J.-C.).
220 feuillets. 24 sur 16 centimètres. Reliure boukhare en papier
rouge.

Arabe 6318.

وظايف المسلمين. Recueil de prières arabes que les Musulmans
doivent réciter dans toutes les circonstances de la vie; il est précédé
d'une table des matières qui renvoie en partie à la pagination orientale
du manuscrit, qui porte le cachet d'un kadi indien nommé Ismaïl ibn
Mohammed ibn Ismaïl avec la date de 1191.

Bonne écriture indienne du commencement du xviiie siècle. 166 feuillets. 24 sur 17 centimètres. Reliure boukhare recouverte de papier
vert.

Arabe 6319.

Recueil de prières et de litanies en arabe.

Bonne écriture neskhi osmanlie copiée en 1119 de l'hégire (1707 de
J.-C.). 94 feuillets. 17 sur 12 centimètres. Reliure turque en peau noire.

Arabe 6320.

Recueil de prières arabes traduites dans les interlignes en langue persane; l'auteur de ce recueil, qui était évidemment un Soufi, cite dans
sa préface Emir Seyyid Ali Hamadhani. Le volume se termine par des
prières en arabe d'une main très moderne.

Bon neskhi persan, écrit à l'encre noire pour l'arabe, à l'encre rouge
pour le persan, du xvie siècle. 127 feuillets. 17 sur 10 centimètres. Reliure en demi-parchemin.

Arabe 6321.

الشرح على الدعا السيفى. Commentaire en arabe, sans nom d'auteur,
sur une prière.

Le titre n'est indiqué que dans la souscription et cette prière est vraisemblablement un *vird* de quelque confrérie sunnite. Le commentateur invoque l'autorité de Houdjdjet el-Islam Mohammed el-Ghazali, de
Mohyi ed-Din Abd el-Kader el-Djilani, du célèbre mystique Shébli, etc.
Le commentaire est très développé.

Bon neskhi arabe de la seconde moitié du xviiie siècle. 103 feuillets.
23 sur 14 centimètres. Demi-reliure.

Arabe 6322.

مشكوة المصابيح. Edition annotée et amplifiée par Véli ed-Din Abou Abd Allah Mohammed ibn Abd Allah el-Khatib, qui la termina en 742 de l'hégire, du مصابيح السنن qui contient toutes les traditions certaines et probables qui se trouvent dans les grandes collections et qui avait été rédigé par le docteur shafeïte Hoseïn ibn Masoud el-Ferra el-Baghavi († 516 de l'hég.). Un exemplaire incomplet de cet ouvrage existe dans le fonds arabe sous le n° 720. On trouve dans Hadji-Khalifa la liste des commentateurs du *Mishkat el-mésabih* (t. V, p. 565); le présent exemplaire porte de nombreuses gloses marginales.

Bon neskhi indien cursif copié au xviii° siècle par Djémal ibn Kémal, disciple de Mir Mousa. 276 feuillets. 26 sur 17 centimètres. Reliure en demi-parchemin.

Arabe 6323.

Le même ouvrage, précédé d'une table des matières.

Assez bon nestalik indien vraisemblablement du xviii° siècle. 239 feuillets. 29 sur 18 centimètres. Reliure boukhare.

Arabe 6324.

الجامع الصغير من حديث البشير النذير. Dictionnaire des traditions musulmanes, par Djélal ed-Din Abd er-Rahman ibn Abi Bekr el-Soyouti.

Exemplaire incomplet de quelques feuillets du commencement.

Bon neskhi copié en 1231 de l'hégire (1815 de J.-C.) par Mohammed el-Djaaféri el-Shaféï ibn Seyyid Mohammed. 448 feuillets. 22 sur 16 centimètres. Reliure en demi-parchemin.

Arabe 6325.

Traité de traditions prophétiques sans titre ni nom d'auteur.

Le premier chapitre complet (folio 46 verso) intitulé باب من اقتراب الساعة commence par أخبرنا أبو جعفر محمد بن علي بن الحسين أنا أبو, on trouve avant ce chapitre des traditions concernant la يعلى نا الهيثم venue du Mahdi.

Le manuscrit se termine par des attestations d'oulémas qui ont lu ce recueil d'un bout à l'autre, le copiste ayant reproduit servilement les formes qui se trouvaient dans l'original, la plus ancienne est datée de 422 de l'hégire, la plus récente du 14 Safer 537 à Samarkand; ce manuscrit a été copié sur l'autographe.

Très bel exemplaire en bon neskhi écrit presque sans points diacritiques, vraisemblablement du commencement du vii° siècle de l'hégire (xiii° siècle). Le volume porte en plusieurs endroits un cachet ainsi rédigé ١٢٥٥ وقف از كتب خواجه محمد پارسا « vakf des livres de Khadjè Mohammed Parsa, 1255 ». Cf. Arabe 6349 et 6382. 167 feuillets. 21 sur 17 centimètres. Demi-reliure en chagrin.

Arabe 6326.

Commentaire sans titre, par Saad ed-Din Masoud ibn Omar el-Taftazani sur le texte des *Akaïd* de Nedjm ed-Din Abou Hafs Omar ibn Mohammed el-Néséfi († 537 de l'hég.), intitulée عقيدة أهل السنة والجماعة (arabe 1285, folio 75 recto). Hadji-Khalifa (t. IV, p. 219) cite ce commentaire qui, dans le présent exemplaire, ne porte ni titre ni nom d'auteur.

Bonne écriture copiée dans une ville de la Transoxiane par un certain Ahmed Haïder (?) fils de..... Berdi el-Khaftari ? dans la seconde moitié du xvii° siècle. 153 feuillets. 24 sur 15 centimètres. Reliure boukhare recouverte de papier vert signée Mirek Khadjè Sahhaf avec la date de 1094.

Arabe 6327.

Commentaire de Saad ed-Din Masoud el-Taftazani sur les *Akaïd* de el-Néséfi.

Mauvais nestalik cursif copié dans la Transoxiane, aux environs de la moitié du xix° siècle. 273 feuillets. 19 sur 11 centimètres. Reliure boukhare.

Arabe 6328.

1° Commentaire sur les *Akaïd* المختصر المسمى بالعقائد de Nedjm ed-Din Omar el-Néséfi par Saad ed-Din Masoud ibn Omar el-Taftazani: voir les deux numéros précédents. Cet exemplaire, qui ne porte ni titre ni nom d'auteur, a été copié, avec un nombre d'intermédiaires inconnus, sur le manuscrit original de Saad ed-Din el-Taftazani, car il est dit dans la souscription que le présent commentaire des *Akaïd* d'el-Néséfi a été terminé le jeudi 29 Shaaban 768 de l'hégire.

La copie est datée de 1254 de l'hégire (1838 de J.-C.).

2° Gloses, sans aucune indication de titre ni de nom d'auteur, sur le commentaire de Saad ed-Din Masoud ibn Omar el-Taftazani sur les *Akaïd* de Nedjm ed-Din Omar el-Néséfi (voir arabe 6330).

Assez bon nestalik copié dans la Transoxiane dans la première moitié du xixᵉ siècle. 153 feuillets. 26 sur 16 centimètres. Reliure boukhare signée par Mohammed Emin Sahhaf.

Arabe 6329.

1° Commentaire, sans aucune indication de titre ni de nom d'auteur, par Saad ed-Din Masoud ibn Omar el-Taftazani sur les *Akaïd* de Nedjm ed-Din Abou Hafs Omar ibn Mohammed el-Néséfi (voir arabe 6326).

2° Gloses sur ce même commentaire, sans aucune indication, et différentes de celles qui se trouvent dans le n° 6330.

Nestalik passable copié dans la Transoxiane au commencement du xixᵉ siècle. 152 feuillets. 20 sur 13 centimètres. Reliure boukhare couverte de papier vert.

Arabe 6330.

Gloses, sans aucune indication, sur un traité d'*Akaïd* qui est certainement le commentaire des العقائد de Nedjm ed-Din Abou Hafs Omar ibn Mohammed el-Néséfi par Masoud ibn Omar el-Taftazani. L'ouvrage glosé commence par الحمد لله بجلال ذاته وكمال صفاته المتقدسة والصلاة على النبى وعلى آله واصحابه طريق الحق وبعد فان مبنى على الشرايع والاحكام ; ce commentaire, d'après le catalogue d'Alger (p. 147), commence par الحمد لله المتوحد بجلال ذاته, ce qui correspond au commencement du texte glosé dans le présent volume (voir n° 6326); un autre exemplaire de ces gloses se trouve dans le n° 6331, d'après la souscription de cet exemplaire, ces gloses porteraient le titre de على الاحمد على العقايد.

Le commentaire de Taftazani sur les *Akaïd* a très souvent été glosé.

Nestalik passable copié dans la Transoxiane, vraisemblablement dans la première moitié du xixᵉ siècle, par un certain Baki Mohammed ibn Mohammed Kasem Boustani. 77 feuillets. 19 sur 12 centimètres. Reliure en cuir.

Arabe 6331.

1° Gloses sans aucune indication sur le commentaire des *Akaïd* de Nedjm ed-Din Abou Hafs Omar ibn Mohammed el-Néséfi, par Masoud ibn Omar el-Taftazani, le même ouvrage que celui qui est décrit sous le n° 6330.

2° Gloses par Mohammed Ismet Allah ibn el-Boukhari sur la seconde partie (الدفتر الثانى dit la souscription, الى اخر شرح dans l'introduction) d'un commentaire sur les *Akaïd*, qui n'est pas autrement désigné, et qui est le commentaire de Saad ed-Din Masoud ibn Omar el-Taftazani sur les *Akaïd* d'Omar el-Néséfi ; ces gloses commencent avec les châtiments d'après la tombe et l'interrogatoire des deux anges Mounkir et Nékir (Arabe 1234, folio 60 verso). Cette division du commentaire de Taftazani est tout artificielle ; d'après la souscription, le titre de ces gloses est : العصمة الله على العقايد (*sic*).

Nestalik copié dans la Transoxiane par un certain Yar Mohammed ibn Bédel Mohammed Aksakhal (la barbe blanche) de la tribu de Koung-hourat ? انقونكراة, de la ville d'Astérabad ? أشير اباد. 157 feuillets. 21 sur 14 centimètres. Reliure boukhare recouverte de papier vert.

Arabe 6332.

Gloses sur un commentaire des *Akaïd* d'el-Néséfi العقايد النسفية écrit par l'auteur persan nommé Abd el-Hakim ibn Shems ed-Din († vers 1062), et rédigées par un auteur qui n'est pas nommé ; ces gloses paraissent avoir été recueillies par Abd el-Hakim lui-même, qui porte dans la littérature musulmane les surnoms d'el-Salikouti et d'el-Hindi. L'ouvrage est dédié à l'empereur timouride de l'Indoustan, Shâh-Djihan. Des traités écrits par Abd el-Hakim sont décrits dans le catalogue des manuscrits arabes de Berlin (n°s 2344, 5264, 6901), dans le catalogue de Paris (n°s 1046 et 1242) et Arabe 6375.

Bon nestalik indien de la fin du xviii° siècle ; 191 feuillets; 19 sur 11 centimètres. Reliure boukhare.

Arabe 6333.

Commentaire sur les العقايد العضدية du kadi Adhod ed-Din Abd er-Rahman ibn Ahmed el-Idji († 756 de l'hégire) par Djélal ed-Din Mo-

2

hammed ibn Asaad el-Siddiki el-Davani. Hadji-Khalifa (t. IV, p. 217, et *Keshf el-ʒounoun*, II, 117) fait un grand éloge des *el-akaïd-el-adhodiyya* que leur auteur termina seulement douze jours avant sa mort. Djélal ed-Din Mohammed ibn Asaad el-Davani mourut en 907 de l'hégire et ce commentaire fut également la dernière de ses œuvres. Il fut composé dans la petite ville de Djiroun près de Damas.

Le commentaire d'el-Davani fut glosé par Molla Yousouf ibn Mohammed-Khan el-Karabaghi el-Mohammed-Shahi, qui mourut postérieurement à l'année 1033 ; Karabaghi composa ces gloses vers l'année 1000 ; quand il vit les annotations marginales تعليقة d'el-Khalkhali et qu'il les eut lues, il trouva que, dans ce travail, el-Khalkhali était d'une opinion conforme à ce qu'il avait écrit ; il recommença alors son livre et il introduisit ses gloses par أقول (éd. قول), et, dans le courant de son texte, il désigna les annotations d'el-Khalkhali par قال ; il réfuta les objections que cet auteur avait faites et il nomma ce nouvel ouvrage تتمة الحواشى فى ازالة الغواشى ; il fut terminé à Boukhara en l'année 1033.

1° Les gloses de Hoseïn el-Khalkhali el-Hoseïni avaient été terminées en 1014 de l'hégire. — Il existe encore sur le commentaire d'el-Davani des gloses qui ont été écrites par Molla Ahmed ibn Mohammed, le petit-fils du célèbre Taftazani († 906), on y trouve des citations de Mir Sadr el-Shirazi et de Molla Hakim Shah Mohammed ibn el-Moubarek el-Kazwini († 902). Les *Akaïd* d'el-Idji ont été commentées par d'autres auteurs dont les noms sont donnés par Hadji-Khalifa.

Neskhi copié dans la Transoxiane par un certain Khadjè Mohammed, connu sous le nom de Baba ibn Molla Sabri Ali.

2° Les premières gloses, écrites vers l'année 1000, par Molla Yousouf ibn Mohammed-Khan el-Karabaghi el-Mohammed-Shahi († vers 1033), sur le commentaire de Djélal ed-Din Mohammed el-Siddiki el-Davani sur les العقايد العضدية.

Neskhi médiocre copié dans la Transoxiane dans la première moitié du xixe siècle. 158 feuillets. 20 sur 13 centimètres. Reliure en cuir brun.

Arabe 6334.

Fragment d'un cahier contenant des gloses sur un traité de théologie. Neskhi médiocre copié dans la Transoxiane au milieu du xviiie siècle. 106 feuillets. 20 sur 13 centimètres. Reliure en demi-parchemin.

Arabe 6335.

Traité, sans titre ni nom d'auteur, ni indication quelconque, qui est
un recueil de gloses d'un commentaire d'un traité de théologie.

Nestalik cursif de la Transoxiane du milieu du xix⁰ siècle. 89 feuillets. 24 sur 14 centimètres. Demi-reliure.

Arabe 6336.

Second volume, comprenant les المعاملات de la الهداية, commentaire du précis de droit hanéfite بداية المبتدى de Borhan ed-Din Aboul
Hasan Ali ibn Abi Bekr ibn Abd el-Djélil ibn el-Khalil el-Marghinani,
par l'auteur lui-même († 593 de l'hégire).

Exemplaire incomplet du commencement et de la fin.

Assez bon neskhi copié dans la Transoxiane dans la seconde moitié
du xix⁰ siècle. 303 feuillets. 26 sur 19 centimètres. Reliure en demi-parchemin.

Arabe 6337.

1⁰ Recueil de demandes sur des questions de droit استفتا avec les
réponses en persan et la signature des docteurs qui les ont formulées.

2⁰ فوايد قنية gloses sur le قنية المنية لتتميم الغنية, traité de jurisprudence hanéfite composé par Aboul-Ridja Nedjm ed-Din Moukhtar ibn
Mahmoud el-Zahidi el-Hanéfi († 658); quoique ce livre ait joui d'une
assez grande vogue dans l'Islam, plusieurs savants le tiennent en sus-
picion parce que son auteur était affilié à la secte des Motazellites et parce qu'il rapportait les traditions d'une façon défectueuse. La principale
source du *Kouniet el-mounyet li-tetmim el-ghouniet* est le منية الفقها
qui avait été composé par le maître de l'auteur, Bédi ibn Abi Mansour
el-Iraki. Ce livre a été abrégé par Djémal ed-Din Mahmoud ibn Ahmed,
connu sous le nom d'Ibn el-Serradj el-Kounévi, puis el-Dimeshki, el-
Hanéfi, mort en 770 (Hadji-Khalifa, t. IV, p. 572). Les présentes gloses
sont anonymes et le copiste déclare qu'il a copié tout ce qui se trouvait
dans le manuscrit qu'il avait sous les yeux, sans garantir qu'il était complet ; le manuscrit porte au dernier feuillet une note d'un lecteur datée
de 979 de l'hégire.

Assez bon neskhi cursif copié sans points diacritiques, vraisemblablement de la fin du xiv⁰ siècle. 155 feuillets. 18 sur 14 centimètres.
Reliure boukhare en cuir.

Arabe 6338.

وقاية الرواية فى مسائل الهداية, صدر الشريعة. Commentaire sur la traité de jurisprudence hanéfite de Borhan el-Shéria Mahmoud par Obeïd Allah ibn Masoud.

Exemplaire incomplet de la première page (cf. Arabe 908-913).

Bon neskhi persan du xviie siècle. 340 feuillets. 24 sur 17 centimètres. Demi-reliure.

Arabe 6339.

Le même ouvrage.

Assez bon neskhi copié dans la Transoxiane en 1245 (1829 de J.-C.); 241 feuillets. 29 sur 21 centimètres. Reliure en papier vert de la Transoxiane.

Arabe 6340.

مختصر وقاية الرواية فى مسائل الهداية. Abrégé du commentaire du précis de jurisprudence hanéfite de Borhan ed-Din el-Marghinani (Arabe 843) par l'imam Borhan el-Ouléma (Borhan el-Shéria Mahmoud ibn Sadr el-Shéria), écrit par son petit-fils, Obeïd Allah ibn Masoud ibn Tadj el-Shéria. Obeïd Allah fait, dans la courte préface de cet abrégé, un grand éloge de l'œuvre de son aïeul, et déclare qu'il a eu le dessein d'en écrire un abrégé que les étudiants en théologie pussent facilement apprendre par cœur. Obeïd Allah a également écrit, sous le titre de صدر الشريعة, un commentaire sur les passages difficiles de la *Vikaiet el-rivaiet*; voir Arabe 6338.

Bonne écriture neskhi copiée dans la Transoxiane probablement à la fin du xviiie siècle. 207 feuillets. 19 sur 13 centimètres. Reliure boukhare recouverte de papier rouge signée Abd el-Ghani Mohammed Alim el-Sahhaf.

Arabe 6341.

Le même ouvrage.

Gros neskhi copié dans la Transoxiane vers le milieu du xixe siècle. 210 feuillets. 25 sur 15 centimètres. Reliure boukhare en cuir rouge.

Arabe 6342.

Le même ouvrage.

Assez bon neskhi copié dans la Transoxiane en 1211 de l'hégire (1796 de J.-C.). 244 feuillets. 20 sur 13 centimètres. Reliure en demi-parchemin.

Arabe 6343.

Le même ouvrage; copie contenant de nombreuses gloses.

Assez bon neskhi copié dans la Transoxiane dans la première moitié du XIX⁰ siècle. 204 feuillets. 26 sur 20 centimètres. Reliure en cuir brun.

Arabe 6344.

1⁰ Traité arabe par Keïdani sur les 5 *ahkam* الاحكام الخمسة qui sont les واجبات - فرايض, les سنن — مستحبات, les محرمات, les مكروهات, les مباحات auxquels l'auteur a ajouté les مفسدات « choses qui annulent » comme par exemple le rire dans la prière. Cet opuscule, qui est divisé en 8 chapitres correspondant à chacune de ces subdivisions, est rédigé sous une forme très abrégée à l'usage des étudiants pour qu'ils puissent l'apprendre par cœur; le nom de l'auteur n'est cité que tout à la fin, dans un distique persan; Keïdani est cité par Hadji-Khalifa sans date ni autre indication (t. IV, p. 368); cf. Arabe 6392. Il se nommait en réalité Loutf Allah el-Néséfi, surnommé el-Fadil el-Keïdani. Un commentaire de ce traité existe sous le n⁰ 6393.

2⁰ Abrégé de la الوقاية, traité de droit écrit par Borhan el-Shéria wed-Din Mahmoud ibn Sadr el-Shéria, par Obeïd Allah ibn Masoud ibn Tadj el-Shéria, petit-fils de l'auteur.

Nestalik passable copié dans la Transoxiane dans la seconde moitié du XIX⁰ siècle. 120 feuillets. 26 sur 15 centimètres. Reliure boukhare recouverte de papier vert.

Arabe 6345.

التوضيح فى حل غوامض التنقيح. Commentaire par Obeïd Allah ibn Masoud ibn Tadj el-Shéria el-Mahboubi el-Boukhari el-Hanéfi († 747 = 1346 de J.-C.) du célèbre traité des sources de la jurisprudence hanéfite qu'il avait écrit sous le titre de تنقيح الاصول (Hadji-Khalifa, *Dict. bibl.*, t. II, p. 443 et ssq.). Par suite de sa grande importance, le *el-taudhih*, quoiqu'étant un commentaire, fut considéré par les juristes musulmans comme un texte original et fut souvent commenté; le meilleur de ces commentaires est celui qui fut écrit par Saad ed-Din Masoud ibn Omar el-Taftazani († 792 = 1389 de J.-C.); il est connu sous le titre de التلويح فى كشف حقايق التنقيح et Taftazani le termina en

l'année 758 (= 1357) dans la Transoxiane. Le nombre des glossateurs
du *Talvih fi-kashf hakaïk el-tenkih* fut considérable, Hadji-Khalifa cite
les gloses de Molla Hasan ibn Mohammed Shah Fénari († 886 = 1481
dé J.-C.) qui furent dédiées à Bayézid Khan, fils de Mohammed Khan el-
Fatih, alors qu'il était prince héritier, ce qui fâcha le sultan, de Ali ibn
Mohammed el-Djourdjani el-Hanéfi († 816 = 1413 de J.-C.), de Mohyi
ed-Din Mohammed ibn Hasan el-Samsouni († 919 = 1513 de J.-C.) et
d'autres.

Écritures nestalik passables de deux mains copiées dans la Transoxiane vers le milieu du xixᵉ siècle. 237 feuillets. 25 sur 16 centimètres. Reliure boukhare en papier vert.

Arabe 6346.

Le même ouvrage.
Exemplaire incomplet du commencement.
Nestalik médiocre copié dans la Transoxiane en 1213 de l'hégire
(1798 de J.-C.), par Mohammed Kobad. 315 feuillets. 24 sur 14 centimètres. Demi-reliure.

Arabe 6347.

الحصن الحصين من كلام سيد المرسلين. Traité sunnite en arabe par
Mohammed el-Djézéri el-Shaféï († 833) sur les pratiques religieuses de
l'Islamisme عبادات ; il est rédigé presque entièrement à l'aide de traditions musulmanes أحاديث empruntées à des ouvrages qui sont indi-
qués dans la préface et que l'auteur désigne dans son texte par des
sigles, le *Sahih* d'el-Boukhari, le traité de Mouslim, les *Sounoun* d'Abou
Daoud, le traité de traditions de Termidhi, de Nésayi النسائى, d'Ibn
Madja el-Kazwini, le *Sahih* d'Ibn Habban, le *Sahih el-moustadrak* par
el-Hakim, un traité d'Abou 'Avana, d'Ibn Khozaïma, le *Mouvatta*, les
Sounoun d'el-Darakotni, un traité d'Ibn Abi Shaïba, le *Mousnad* de
l'imam Ahmed, un traité d'el-Bezzaz, d'Abou Ya'li el-Mausili, d'el-
Darimi, le *el-Mo'djem el-kébir*, le *el-Mo'djem el-ausath* et le *el-
Mo'djem el-saghir* de Tabérani, une prière composée par ce même
auteur, un ouvrage d'Ibn Mardouvayyih (Ibn Merdouyah en persan),
un de el-Beïhaki, les *Sounoun* d'el-Kabirluh, le *Amal el-yom wel-leïlet*
par Ibn el-Sounni. Ce traité contient les traditions qui ont trait à l'excellence de la prière et de la récitation de la formule « Il n'y a pas
d'autre divinité qu'Allah », aux règles de leur récitation, à la façon dont

les prières sont exaucées, aux noms d'Allah, à la longueur de la vie et de nombreuses formules de prières. Le *el-Housn el-hasin* fut terminé par son auteur au mois de Zilhidjdja 791 dans son médrésé qu'il avait fait construire à Damas, au lieu dit Raas 'Akabat el-Kittan.

Cet exemplaire est incomplet du commencement et le début de la préface a disparu avec le titre et le nom de l'auteur; un exemplaire complet existe dans le fonds arabe sous le numéro 1169.

Neskhi passable copié en 960 de l'hégire (1552 de J.-C.) par Shah Mohammed el-Marghinani qui a marqué dans sa souscription une passion contre nature pour un personnage de son sexe. 93 feuillets. 20 sur 13 centimètres. Reliure boukhare en peau rouge.

Arabe 6348.

Commentaire sur un traité de droit sunnite. Le premier volume, contenant les العبادات, est perdu.

Bonne écriture neskhi du xvii° siècle. 177 feuillets. 27 sur 20 centimètres. Demi-reliure.

Arabe 6349.

شرح التاويلات على تفسير محمد پارسا. Fragment de commentaire sur les interprétations des passages d'un sens particulièrement douteux que l'on rencontre dans le commentaire d'un traité de droit فقه composé par le célèbre docteur soufi Mohammed Parsa; ce volume est le septième de l'ouvrage complet, l'auteur est souvent nommé Mohammed ibn Mohammed ibn Mahmoud el-Sheïkh el-Boukhari (Arabe 4253, 2); ce personnage, qui vivait dans la seconde moitié du ix° siècle de l'hégire, composa et commenta une *akida* sur les croyances des Musulmans avec le titre شرح منهج المعتقدين المرشد للطالبين الى علم اليقين dont un manuscrit existe à Alger (Fagnan, *Catalogue*, page 155).

Très bel exemplaire en bon neskhi cursif du milieu du xv° siècle contemporain de l'auteur, portant plusieurs fois répété un cachet de *vakf*, ainsi rédigé وقف از كتب خواجه محمد پارسا ١٢٥٥ « Vakf provenant des livres de Khadjè Mohammed Parsa, (année) 1255 » cf. n°ˢ 6325 et 6382. 195 feuillets. 20 sur 16 centimètres. Reliure boukhare en cuir estampé portant la signature de Abd el-Ghani ibn Mohammed Alim Sahhaf.

Arabe 6350.

Traité sunnite sur les sources de la jurisprudence, sans titre ni nom d'auteur, ni aucun renseignement, commençant par (*sic*) فان اصول الشرع ثلثه الكتاب والسنة.

Manuscrit copié dans la Transoxiane dans un neskhi assez cursif et inélégant, vers la moitié du XIXe siècle. 103 feuillets. 21 sur 15 centimètres. Reliure en toile grise.

Arabe 6351.

كتاب المصباح. Traité de grammaire arabe composé par Nasir ibn Abd el-Seyyid el-Motarrizi († 610) pour l'usage de son fils et divisé en 5 parties dont le détail est donné par Hadji-Khalifa (t. V, p. 582) et par l'auteur au commencement de tous les exemplaires. Le *Misbah* est composé d'après les travaux du célèbre grammairien Abou Bekr Abd el-Kahir ibn Abd er-Rahman el-Djordjani et les travaux similaires; il a été souvent commenté. Le présent exemplaire contient de nombreuses gloses.

Bonne écriture copiée vraisemblablement dans le Turkestan chinois en 1084 de l'hégire (1673 de J.-C.), par un certain Daoud, fils de Sheïkh Mohammed Sadik Thaniséri. 102 feuillets. 22 sur 16 centimètres. Reliure en cuir rouge.

Arabe 6352.

Recueil de fragments de recueils de gloses sur des commentaires de la *Kafiya* d'Ibn el-Hadjib; le premier de ces fragments commence avec les mots qui se déclinent et se conjuguent avec la voyelle *ou* sur la dernière radicale, il appartient à un recueil des gloses de Seyyid Shérif Ali ibn Mohammed el-Djordjani sur le commentaire de la *Kafiya* par le sheïkh Radi ed-Din Mohammed ibn el-Hasan el-Astérabadi qui fut terminé, d'après Hadji-Khalifa (t. IV, p. 7), en 683 de l'hégire, et dont le célèbre Soyouti a fait un très grand éloge. L'immense quantité des commentaires de la *Kafiya*, qui s'élève jusqu'au nombre de 400, à ce que l'on prétend, et la multiplicité de leurs gloses en rendent l'identification impossible.

Écriture nestalik médiocre de plusieurs mains copiée dans la Transoxiane dans la seconde moitié du XIXe siècle. 148 feuillets. 14 sur 21 centimètres. Reliure boukhare en papier vert.

Arabe 6353.

فوايد وافية بحل مشكلات الكافية. Traité écrit pour expliquer les difficultés qui se trouvent dans le texte du traité de grammaire d'Ibn el-
Hadjib intitulé *el-Kafiya*, par Abd er-Rahman ibn Ahmed el-Djami,
également intitulé الفوايد الضيائية, du nom du père de l'auteur, Ziya
ed-Din Yousouf. Cet exemplaire a été copié sur l'autographe d'Abd er-
Rahman el-Djami qui fut terminé en 897 de l'hégire. Bien que ce
commentaire soit classique, c'est un ouvrage de jeunesse dans lequel
les inexactitudes ne manquent pas.

Écriture neskhi médiocre de plusieurs mains copiée dans la Transoxiane en 1247 (1831 de J.-C.). 228 feuillets. 18 sur 12 centimètres.
Reliure en demi-parchemin.

Arabe 6354.

Le même ouvrage, incomplet de la fin.

Neskhi et nestalik passables copiés dans la Transoxiane dans la première moitié du xixᵉ siècle. 140 feuillets. 24 sur 14 centimètres. Reliure
en demi-parchemin.

Arabe 6355.

Le même ouvrage, avec des gloses.

Assez bon nestalik copié dans la Transoxiane au commencement du
xixᵉ siècle. 255 feuillets. 23 sur 14 centimètres. Reliure boukhare.

Arabe 6356.

Le même ouvrage, avec des gloses et des indications de certains chapitres introduits par le bismillah comme s'il s'agissait d'ouvrages indé-
pendants; la copie n'est pas terminée.

Nestalik passable copié dans la Transoxiane vers le milieu du
xixᵉ siècle. 212 feuillets. 26 sur 16 centimètres. Reliure boukhare.

Arabe 6357.

. Le même ouvrage, exemplaire incomplet de la fin.

Assez bon neskhi copié dans la Transoxiane, probablement dans la
première moitié du xixᵉ siècle. 127 feuillets. 23 sur 15 centimètres.
Reliure en peau noire.

Arabe 6358.

Le même ouvrage.

Mauvaise écriture neskhi copiée probablement dans l'Azerbeïdjan dans la seconde moitié du xixᵉ siècle. 128 feuillets. 20 sur 15 centimètres. Demi-reliure.

Arabe 6359.

Gloses par Abd el-Ghaffour el-Lari, disciple de Djami († 912), sur le commentaire intitulé : فوايد وافية بحل مشكلات الكافية par Djami, sur la *Kafiya* d'Ibn el-Hadjib ; le nom du glossateur n'est indiqué que dans la souscription du volume. C'est de cet ouvrage que parle Hadji-Khalifa (t. V, p. 11) ; il dit avec raison que ces gloses ne s'étendent que jusqu'à la moitié environ du commentaire de Djami : elles s'arrêtent exactement au milieu du verso du folio 74 du man. arabe 4044. Ces gloses sont toujours imprimées dans les marges du commentaire de Djami. Parmi les travaux dont le commentaire de Djami a été l'objet, Hadji-Khalifa (t. V, p. 10 et ssq.) cite des annotations au commencement de ce commentaire par Hasan el-Bahri, des annotations par Molla Ali ibn Amr Allah qui furent composées pour être dédiées à Sultan Sélim, fils de Soleïman Khan, une dissertation par Abd Allah el-Azhari avec le titre de القول السامى على كلام للمنلا جامى, un traité de gloses par Molla el-'Allâmek Mohammed ibn Mousa el-Bosnévi, dans lequel l'auteur s'attache à rétorquer les objections de Ibrahim ibn Mohammed Arabshah, et qu'il termina en 1035. Molla Ismet Allah ibn Mahmoud el-Boukhari écrivit sur ce commentaire des gloses qui, comme celles d'Abd el-Ghaffour el-Lari, s'étendent à peu près jusqu'à la moitié, Molla Abd Allah ibn Doursoun, plus connu sous le nom de Feïzi († 1019), jusqu'aux noms qui portent la voyelle *ou* sur la dernière consonne. Moslih ed Din el-Lari († 979), qui combat les opinions des commentateurs tels qu'Ibrahim ibn Mohammed Arabshah et Abd el-Ghaffour et qui réunit un grand nombre de notes très utiles, Shah Mohammed ibn Ahmed el-Samarkandi, et Ghars ed-Din Ahmed ibn Ibrahim el-Halébi († 971), qui va jusqu'à la fin des mots vocalisés en *ou*, écrivirent aussi des gloses sur ce commentaire.

Assez bon neskhi copié à Boukhara البلدة الفاخرة dans le collège de l'Imam Seyyid Mohammed Shérif el-Boukhari en 1288 (1871 de J.-C) par Molla Abd er-Rezzak ibn Khal-Mohammed Fani, du village de Ourmiten اورميتن dans la juridiction de Pendjket. 255 feuillets. 21 sur 14 centimètres. Reliure boukhare signée du Molla Abd el-Ghanim Sahhaf.

Arabe 6360.

Gloses par Ibrahim ibn Mohammed Arabshah el-Isféraïni Isam ed-Din sur le commentaire de la الكافية intitulé الفوايد الضيائية par Djami. Hadji-Khalifa (t. V, p. 10) parle de ces gloses dans son *Dictionnaire bibliographique* et dit que leur auteur, qui n'était pas toujours de l'avis de Djami, est mort en 943 (1536). Isam ed-Din était également d'un avis diamétralement opposé à celui de Maula Abd el-Ghaffour qui est l'auteur d'un gros commentaire sur la *Kafiya*.

Les gloses de Isam ed-Din ont été glosées par le Molla Mohammed qui est plus connu sous le nom de Menla-Zadè el-Kourdi, et qui, d'après le bibliographe ottoman, est mort à une date postérieure à l'année 1070. Des annotations تعليق au commencement du commentaire de Djami ont été écrites par Hasan el-Bahri, par Ali ibn Amr Allah qui les dédia à Sultan Sélim, fils de Sultan Soleïman Khan.

Manuscrit de plusieurs mains, nestalik et neskhi, dont la plus ancienne est vraisemblablement de l'extrême fin du XVIᵉ siècle. 165 feuillets. 18 sur 13 centimètres. Reliure boukhare en papier vert.

Arabe 6361.

Le même ouvrage.

Assez bonne écriture boukhare du milieu du XIX siècle. 126 feuillets. 26 sur 16 centimètres. Reliure boukhare recouverte de papier noir et signée par le Molla Baba Khan Sahhaf.

Arabe 6362.

Recueil de traités de grammaire arabe.

1º La الكافية, traité de grammaire arabe par Ibn el-Hadjib.

2º Opuscule en arabe, sans titre ni nom d'auteur, sur les lettres qui servent à la flexion de la langue arabe.

3º Le traité des cent régissants par Abd el-Kahir ibn Abd el-Rahman el-Djordjani.

4º Traité en arabe, sans titre ni nom d'auteur, sur la conjugaison et la déclinaison arabes.

5º Opuscule en arabe, sans titre ni nom d'auteur, sur la conjugaison. divisé en quatre chapitres.

6º Traité de grammaire arabe, en langue persane, sans titre ni nom d'auteur.

Assez bonne écriture nestalik copiée dans la Transoxiane dans la première moitié du XIXᵉ siècle. 69 feuillets. 20 sur 13 centimètres. Reliure boukhare.

Arabe 6363.

Fragment d'un dictionnaire arabe rangé d'après l'initiale des racines.

Le chapitre du *fa* commence ainsi : رجل مفوود مصاب الفواد وقد فند وفاده

Très beau neskhi copié vraisemblablement en Syrie au XVᵉ siècle. 239 feuillets. 30 sur 19 centimètres. Reliure en demi-chagrin.

Arabe 6364.

Recueil de traités de grammaire arabe.

1º Traité d'عبادات en arabe, sans titre ni nom d'auteur.

2º La الكافية d'Ibn el-Hadjib dont le copiste a fait plusieurs traités, dont il fait commencer le second à المرفوعات (man. 4025, folio 7 verso) et le troisième à المنصوبات (man. 4025, folio 12 recto).

3º Traité sur la déclinaison حركات الاعراب, sans titre ni nom d'auteur.

4º Traité sur la conjugaison التصريف فى اللغة, sans titre ni nom d'auteur, incomplet de la fin.

5º Le même ouvrage, également incomplet.

6º La الكافية d'Ibn el-Hadjib.

7º العوامل فى النحو على ما الفه شيـخ (sic) الامام الفاضل عند (sic) القاهر ابن عبد الرحمن جرجانى, les cent régissants d'Abd el-Kahir ibn Abd er-Rahman el-Djordjani.

8º Traité de grammaire arabe en persan.

9º Fragment d'un opuscule arabe sur les mutations des lettres *élif, wav, ya*.

10º Opuscule en arabe sur la conjugaison, divisé en quatre sections.

11º Traité de grammaire arabe en persan, le même que le nº 8.

12º Fragment d'un traité de grammaire arabe en arabe.

Neskhi médiocre copié dans la Transoxiane au XIXᵉ siècle. 175 feuillets. 20 sur 13 centimètres. Reliure boukhare.

Arabe 6365.

Recueil de traités de grammaire arabe, en arabe.

1º La *el-Kafiya*, traité de grammaire par Ibn el-Hadjib.

2º Traité sur les voyelles de la déclinaison حركات الاعراب, sans titre ni nom d'auteur.

3º Traité sur la flexion du verbe التصريف فى اللغة, sans titre, ni nom d'auteur.

Écritures nestalik passables écrites dans la Transoxiane dans la première moitié du xixº siècle. 65 feuillets. 20 sur 13 centimètres. Reliure en demi-parchemin.

Arabe 6366.

Recueil de traités de grammaire arabe.

1º La الكافية, traité de grammaire arabe par Ibn el-Hadjib.

2º Traité sur la déclinaison arabe حركات الأعراب, en arabe.

3º Les cent régissants العوامل فى النحو de Abd el-Kahir ibn Abd er-Rahman el-Djordjani.

4º Traité sur la flexion de la conjugaison, التصريف فى اللغة, en arabe.

5º Traité en persan, sans titre ni nom d'auteur, sur la conjugaison arabe.

6º Précis de la grammaire arabe, en persan.

Grosse écriture nestalik copiée dans la Transoxiane en 1260 de l'hégire (1844 de J.-C.). 76 feuillets. 20 sur 12 centimètres. Reliure boukhare.

Arabe 6367.

1º الارشاد مختصر فى علم النحو. Précis sur la morphologie arabe en arabe, sans nom d'auteur, divisé en une préface et trois sections qui correspondent au verbe, au nom et à la particule; ce précis est suivi d'un opuscule de trois pages sur la lecture du Koran, par l'Imam Abou Mansour el-Matoridi.

2º حدايق الدقايق فى شرح رسالة علامة الحقايق. Commentaire par Saad ed-Din sur le traité de morphologie arabe communément nommé انموذج de Djar Allah Aboul-Kasem Mahmoud ibn Omar el-Zamakhshari († 538); le commentaire le plus répandu de l'*Enmouzedj* est celui de Djémal ed-Din Mohammed ibn Abd el-Ghani el-Ardébili.

3° Commentaire sur une préface du مفتاح فى النحو, et sur le texte de cet ouvrage, qui est un traité de grammaire arabe, par Nasir ibn Abd el-Seyyid el-Motarrizi († 610), divisé en 5 chapitres (Hadji-Khalifa, t. V, p. 582); cette préface, qui commence par اما بعد فهذه اوراق لاعراب ديباجة المصباح من غرايب فوايد المفتاح, n'est pas celle de Taftazani dont il est parlé dans Hadji Khalifa (t. V, p. 585); d'après une note dont l'authenticité n'est pas certaine, et ainsi rédigée, سيد على زاده فى النحو, ce commentaire serait l'œuvre de Seyyid Ali Zadè.

4° موصل الطلاب الى قواعد الاعراب. Commentaire, par Khalid ibn Abd Allah el-Azhari, sur le traité de grammaire arabe intitulé : قواعد الاعراب عن قواعد الاعراب dont le vrai titre est الاعراب et que l'auteur, Djémal ed-Din Ibn-Hisham, dit être فوايد جليلة فى قواعد الاعراب; un exemplaire de ce commentaire existe dans le fonds arabe sous le numéro 4146. D'après la souscription, ce volume a été copié sur l'autographe.

Assez bonnes écritures neskhi et nestalik du xviii° siècle. 261 feuillets. 20 sur 15 centimètres. Cartonnage.

Arabe 6368.

Traités de grammaire et de logique.

1° Le traité de grammaire arabe intitulé الكافية, par Djémal ed-Din Abou Amr Osman ibn Omar Ibn el-Hadjib.

2° الرسالة الشمسية من القواعد المنطقية. Traité de logique, sans nom d'auteur, divisé en une introduction, trois discours et une conclusion; cet ouvrage, qui existe dans le fonds arabe sous le n° 1264, a pour auteur Nedjm ed-Din Omar el-Kazwini el-Katibi.

3° Règles de la permutation des lettres *élif*, *vav*, *ya*, en arabe, sans titre ni nom d'auteur.

4° Paradigmes des formes de la conjugaison arabe, sans nom d'auteur.

5° الرسالة فى بيان قواعد الصرف. Règles des changements que subissent le *vav* et le *ya* dans la conjugaison des verbes défectueux, sans nom d'auteur.

Gros neskhi copié dans la Transoxiane, écrit au commencement du XIXᵉ siècle. 99 feuillets. 20 sur 13 centimètres. Reliure boukhare.

Arabe 6369.

Recueil de traités sur la grammaire arabe.

1º Résumé sur la grammaire arabe, sans titre ni nom d'auteur, en arabe.

2º حركا ت الاعراب. Traité sur la flexion des noms, en arabe, sans nom d'auteur.

3º العوامل فى النحو على ما الفه الشيخ عبد القاهر بن عبد الرحمان جرجانى. Les cent régissants d'Abd el-Kahir ibn Abd er-Rahman el-Djordjani (cf. arabe 4021, fol. 97 verso).

4º Petit traité, sans titre ni nom d'auteur, sur la flexion du verbe arabe, en arabe, dont les dernières lignes se trouvent après le nº 5.

5º Traité en persan, sans titre ni nom d'auteur, sur le *lam-élif*.

6º Traité sans titre ni nom d'auteur, en arabe, sur la conjugaison, de trois pages.

7º Opuscule en persan sur la grammaire arabe, sans titre ni nom d'auteur.

Bon nestalik copié dans la Transoxiane au XIXᵉ siècle, sauf le nº 5, qui est d'une mauvaise main. 69 feuillets. 20 sur 14 centimètres. Reliure boukhare.

Arabe 6370.

شرح المواقف. Commentaire sur le traité de philosophie scolastique du kadi Adhod ed-Din Abd er-Rahman el-Idji, par Ali Ibn Mohammed el-Djordjani. Un exemplaire de ce commentaire existe dans le fonds arabe sous le nº 2393. Le présent volume commence avec la seconde station qui traite des universaux et se termine avec le commencement de la cinquième station. La copie du commentaire des *Mévakif* est suivie de gloses, attribuées par un titre très grossièrement écrit حاشية ملا سعود à un certain Molla Sooud, sur un traité de philosophie scolastique.

Bon neskhi cursif du XVIIᵉ siècle. 149 feuillets. 24 sur 16 centimètres. Demi-reliure.

Arabe 6371.

تحرير القواعد المنطقية فى شرح الرسالة الشمسية. Commentaire par
Kotb ed-Din Mohammed er-Razi sur le traité de logique de Nedjm
ed-Din Omar el-Kazwini el-Katibi ; un exemplaire de ce commentaire
existe dans le fonds arabe sous le n° 2371, folio 13 verso ; le présent
volume ne porte aucune indication de titre ni de nom d'auteur.

Manuscrit composé de parties de différentes époques dont les plus
anciennes sont d'une bonne écriture neskhi du xvi° siècle ; la dernière
partie a été copiée par un certain Yousouf Abou Bekr ibn Abbas el-
Diarbékri el-Nahvi. 155 feuillets. 22 sur 16 centimètres. Reliure en demi-
parchemin.

Arabe 6372.

1° تحرير القواعد المنطقية فى شرح الرسالة الشمسية. Commentaire par
Kotb ed-Din Mohammed el-Razi sur la *Shemsiyyè* d'el-Katibi ; cet exemplaire ne commence qu'à ورتبته على مقدمة, toute la préface ayant été
omise, mais son identification est certaine. Cet ouvrage ne porte aucune
indication de titre, ni de nom d'auteur.

2° Gloses sur un commentaire de la *Shemsiyyè*, sans aucune indication de titre ni de nom d'auteur, qui se retrouvent dans le manuscrit
arabe 2373 sans plus d'indications, au folio 83 verso ; d'après le catalogue
du fonds arabe, l'ouvrage contenu dans ce volume serait un commentaire du *Tahrir el-Kavaïd* par el-Seyyid el-Shérif Ali ibn Mohammed
el-Djordjani, mais ce que dit Hadji-Khalifa dans son dictionnaire et la
présence dans le fonds arabe, sous le n° 2381, de gloses attribuées à ce
célèbre docteur ne semblent pas confirmer cette attribution.

Nestalik très cursif copié dans la Transoxiane, le premier ouvrage par
Mir Hadji ibn Dervish Mohammed el-Boukhari en 977 de l'hégire (1569
de J.-C.), le second par Hadji Mohammed en 979 (1571 de J.C.), probablement le même personnage. 176 feuillets. 18 sur 13 centimètres. Belle
reliure boukhare signée Hadji Mohammed Sahhaf, dont il ne reste
qu'un seul plat.

Arabe 6373.

1° Le commentaire de Kotb ed-Din Mohammed el-Razi sur la *Shemsiyyè* d'el-Katibi, sans aucune indication.

2° Les gloses décrites sous le n° 6372, 2°, sans aucune indication.

Il est vraisemblable que ce manuscrit a été copié sur le n° 6372.

Nestalik cursif copié à Boukhara en 1218 de l'hégire (1803 de J.-C.).
194 feuillets. 20 sur 12 centimètres. Reliure boukhare.

Arabe 6374.

Gloses par Isam ed-Din sur le traité de logique intitulé la الرسالة
الشمسية فى القواعد المنطقية, qui a été écrit par Nedjm ed-Din Omar el-
Kazwini el-Katibi (Arabe 1396 et 6368). Les gloses commencent au
second chapitre (Arabe 1264, folio 97 verso).

Nestalik persan cursif et écrit presque sans points, vraisemblablement
au xviie siècle. 95 feuillets. 19 sur 13 centimètres. Reliure en demi-
parchemin.

Arabe 6375.

Gloses par Abd el-Hakim ibn Shems ed-Din el-Salikouti sur un commentaire écrit sur le célèbre traité de logique intitulé : الرسالة الشمسية
الطور العظيم والقمقام فى القواعد المنطقية par un auteur qui est qualifié de
الجسيم sans que son nom soit donné. Ce traité, qui ne porte pas de
titre, fut rédigé à la demande du fils de l'auteur, Abd Allah el-Lébib,
qui avait rencontré beaucoup de difficultés dans l'étude de la *el-risalè
el-shemsiyyè*, de son commentaire et des gloses qui avaient été écrites
sur elle ; il est dédié à l'empereur timouride de l'Indoustan, Aboul
Mouzaffer Shihab ed-Din Shah-Djihan Padishah Ghazi (voir nos 6332
et 6393).

La *Shemsiyyè* est un ouvrage classique en Orient, qui a pour
auteur (Hadji-Khalifa, t. IV, p. 76) Nedjm ed-Din Omar ibn Ali
el-Kazwini el-Katibi, disciple du célèbre Nasir ed-Din el-Tousi († 693).
Les commentaires en furent très nombreux, tels celui de Kotb ed-
Din Mahmoud ibn Mohammed el-Razi († 766), qui le composa pour le
vizir Ghiyas ed-Din Mohammed, fils du célèbre vizir Rashid ed-Din,
ministre d'Oltchaïtou Khorbanda ; ce commentaire, dont Hadji-Khalifa
vante le mérite, fut glosé par le célèbre Seyyid Shérif Ali ibn Mohammed
el-Djordjani († 816), et ces gloses sont connues dans la littérature
arabe sous le titre de حاشية كو جك. Ces gloses ont été souvent surglosées ; parmi leurs auteurs, le Katib-i Tchélébi indique Maula Kara Daoud
qui était le disciple de Taftazani et que certains historiens de la littérature arabe confondent avec Daoud ibn Kémal el-Ghoutchévi ; Seyyid
Ali el-Adjémi († 860) ; Shems ed-Din Mohammed ibn Hamza el-Fénari

(† 834); Djélal ed-Din ibn Asad ed-Davani. D'autres savants ont glosé le commentaire de Kotb ed-Din el-Razi, tels le sheïkh Mohammed Badakhshi († 922), le molla Mohammed ibn Hamza el-Fénari, le molla Kheïr ed-Din Khidr ibn Omar el-Atoufi qui composa ses gloses en 930 pour Sultan Soleïman Khan ; Molla el-Samarkandi qui était l'un des savants les plus éminents de la cour du sultan timouride Kémal ed-Din Sultan Hoseïn ibn Sultan Mansour ibn Baïkara ; Molla Isam ed-Din Ibrahim ibn Arabshah el-Isféraïni, etc.

Un autre commentaire de la *Shemsiyyè* est celui du célèbre Saad ed-Din Masoud ibn Omar el-Taftazani († 791); un autre, celui de Molla Ala ed-Din Ali ibn Mohammed, surnommé el-Mousennefek « le petit auteur », qui écrivit en persan († 871); un autre, celui de Djélal ed-Din Mohammed ibn Ahmed el-Mahalli († 864); un autre, celui de Abou Mohammed Zeïn ed-Din Abd er-Rahman ibn Abou Bekr ibn el-Aïni († 893).

Nestalik médiocre écrit dans la Transoxiane, vraisemblablement dans la première moitié du xixᵉ siècle. 243 feuillets. 25 sur 15 centimètres. Reliure boukhare.

Arabe 6376.

1° كتاب الخلاصة. Traité de jurisprudence, par Iftikhar ed-Din Rokn el-Islam Thaher ibn Ahmed ibn Abd er-Reshid el-Boukhari. Avant la composition de ce livre, ce personnage avait écrit deux autres traités de jurisprudence, le خزانة الواقعات et le كتاب النصاب ; il entreprit la rédaction du présent volume à l'instigation d'un de ses amis qui désirait posséder un traité court et que l'on puisse apprendre par cœur. Le présent exemplaire ne comprend que le chapitre de la pureté légale.

2° Abrégé par Obeïd Allah ibn Masoud ibn Tadj el-Shéria de la وقاية الرواية فى مسايل الهداية de Borhan el-Shéria Mahmoud ibn Tadj el-Shéria, voir n° 6340; il n'y a dans cet exemplaire qu'une faible partie de l'ouvrage.

3° Traité de grammaire arabe, en persan, sans titre ni nom d'auteur.

4° Opuscule en persan, sans titre ni nom d'auteur, sur la théologie élémentaire et sur l'instruction religieuse; il commence par l'explication de ce qu'est le commencement et la fin de la science; la copie n'en est pas terminée et elle est suivie de la première page d'un commentaire en persan du traité de logique intitulé الشمسية.

5° Opuscule en arabe, sans titre ni nom d'auteur, sur le rôle grammatical des lettres de l'alphabet.

6° Opuscule en arabe, également sans titre ni nom d'auteur, sur la déclinaison arabe.

7° Les cent régissants d'Abd el-Kahir ibn Abd er-Rahman el-Djordjani.

8° Traité en arabe, sans titre ni nom d'auteur, sur la conjugaison arabe.

9° Traité en arabe compilé d'après les livres de grammaire par un auteur qui ne se nomme pas, sur la conjugaison, divisé en quatre chapitres. Cet opuscule ne porte pas de titre.

10° Commentaire, sans titre ni nom d'auteur, sur l'Isagoge d'Athir ed-Din el-Abhari.

Ce commentaire a pour auteur Hosam ed-Din Hasan el-Kafi († 760); d'après Hadji-Khalifa (t. I, p. 503), ce commentaire a été glosé par Berda'i, dont les gloses ont été surglosées par Yahya ibn Nasouh ibn Israïl. Parmi les autres gloses du commentaire de Hosam ed-Din, sont celles de Mohyi ed-Din el-Talishi, de Shirvani, de Molla Karatcha Ahmed († 854), d'Abiverdi; sur le chapitre de l'*i'râb* du commentaire de Hosam ed-Din, il existe un livre intitulé ينبوع الحياة par Mohammed Ali ibn el-Malati qui le composa pour Khidr Beg ibn Isfendiar. Parmi les autres commentaires de l'Isagoge sont ceux de Shems ed-Din Mohammed ibn Hamza el-Fénari († 834), qui l'écrivit en un seul jour, de Kheïr ed-Din el-Bitlisi, du sheïkh Shihab ed-Din Ahmed ibn Mohammed el-Aïdini, de Nour ed-Din Ali ibn Ibrahim el-Shirazi qui fut le disciple du célèbre Djordjani et qui mourut à Médine en 862 ; de Moslih ed-Din Moustafa ibn Shaaban el-Servéri († 969); du sheïkh Zakaria ibn Mohammed el-Ansari el-Kahiri († 910) qui porta le titre de مطلع; d'Abd el-Latif el-Adjémi qui le composa pour le sultan seldjoukide du pays de Roum Ala ed-Din Kaï-Kobad; d'Aboul Abbas Ahmed ibn Mohammed el-Amidi, etc.

11° Fragment du recueil de gloses écrites sur le commentaire de Djami intitulé الفوايد الوافية بحل مشكلات الكافية sur la *Kafiya* d'Ibn el-Hadjib, par Abd el-Ghaffour el-Lari; un exemplaire complet de ces gloses existe sous le n° 6359.

12° Commencement d'un traité de jurisprudence en persan.

Nestalik médiocre de plusieurs mains copié dans la Transoxiane vers la moitié du xix° siècle. 180 feuillets. 20 sur 13 centimètres. Reliure en demi-parchemin.

Arabe 6377.

Traités de logique.

1º Commentaire par Hibet Allah el-Hoseïni, connu sous le nom de Shâhmîr شاهمير, du précis de logique et de scolastique de Saad ed-Din Masoud el-Taftazani intitulé تهذيب المنطق والكلام ; l'auteur composa ce commentaire à la demande d'un de ses amis après avoir écrit des gloses sur ce même traité. La copie n'est pas terminée.

2º الحاشية الموسومة با لجلال بقلم الاستعجال مع اختلاف الحال والبال والمرجو من محول الاحوال. Gloses par Djélal ed-Din el-Davani sur le précis de logique de Taftazani glosées par un certain Abd er-Rahman ibn Hoseïn ibn Kasim ibn Hoseïn ibn Abbas au temps où Mohammed Pacha gouvernait الكوى et Sélim Beg la ville de Soleïmaniyyè, en 1218.

3º حاشية لحسين الخلخالى واقعة على حاشية التهذيب للجلال الدوانى. Gloses par Hoseïn el-Khalkhali sur les gloses du précis de Taftazani par Djélal el-Davani. La copie est incomplète.

Bonne écriture neskhi du xviiie siècle. 106 feuillets. 21 sur 15 centimètres. Reliure en cuir rouge.

Arabe 6378.

1º الرسالة المسماة بتعليم المتعلم فى طريق التعلم. Petit traité didactique en langue arabe par l'imam Borhan ed-Din el-Zerbaudji sur la science et les moyens de l'acquérir, divisé en 13 chapitres dont le détail est donné par Hadji-Khalifa (t. II, p. 325).

Ce traité, qui a été composé pour l'usage des étudiants, a été commenté par Ibn Ismaïl sous le règne de Sultan Mourad Khan III pour un officier du sérail du Grand Seigneur ; d'autres personnes attribuent ce commentaire, non à Ibn Ismaïl, mais à Neviï ; il fut terminé en 996 de l'hégire. Le *Taalim el-mouléallim* a été traduit en turc par Sheïkh Abd el-Médjid ibn Nasouh ibn Israïl sous le titre de ارشاد الطالبين فى تعليم المتعلمين ; voir nº 6388.

2º وصية الامام الاعظم لابى يوسف Conseils testamentaires religieux donnés par Abou Yousouf à un de ses disciples ; d'après une note marginale écrite en marge du dernier feuillet, ce traité a été composé, d'une façon absolument certaine, par el-Sighi ibn el-Hanéfi en 999.

Très bon neskhi indien copié à Lahore au xviiie siècle. 49 feuillets. 25 sur 15 centimètres. Cartonnage.

Arabe 6379.

Gloses qui paraissent se rapporter à un commentaire de la troisième partie du مفتاح العلوم de Siradj ed-Din Abou Yakoub Yousouf ibn Abi Bekr el-Sakkaki.

Manuscrit composé de deux parties écrites en neskhi cursif et négligé dont le dernier est daté de 955 de l'hégire (1548 de J.-C.) et a été copié par un certain Sultan Kouli. 172 feuillets. 18 sur 12 centimètres. Reliure en demi-parchemin.

Arabe 6380.

1° Commencement sans aucune indication du المطوّل, commentaire par Saad ed-Din Masoud ibn Omar el-Taftazani sur le تلخيص المفتاح de Djélal ed-Din Mohammed el-Kazwini.

2° Commentaire sur la هداية الحكمة, traité général de philosophie de Athir ed-Din ibn Mofaddal ibn Omar el-Abhari, écrit par el-Hoseïn ibn Moïn ed-Din el-Moubidi ?

Bon neskhi copié en 1021 (1612) en Perse. 108 feuillets. 20 sur 13 centimètres. Reliure boukhare.

Arabe 6381.

Fragment d'un recueil de gloses sur le *Moutavval* de Taftazani, suivi de la fin d'un traité en vers persans sur les *ibadât* et du commencement d'un catéchisme en prose persane sans titre ni nom d'auteur.

Écritures nestalik et neskhi cursives copiées dans la Transoxiane au xviiie et au xixe siècles. 100 feuillets. 20 sur 13 centimètres. Reliure en demi-parchemin.

Arabe 6382.

Les Séances de Hariri.

Exemplaire portant le cachet du vakf de Khadjè Mohammed Parsa (voir nos 6325 et 6349).

Très bonne écriture neskhi, datée de 6... de l'hégire (xiiie siècle) [la date des centaines est seule sûre]. 217 feuillets. 18 sur 14 centimètres. Reliure en demi-maroquin.

Arabe 6383.

Le commentaire du Gulistan de Saadi par Moustafa ibn Shaaban Sorouri († 969 = 1561), en langue arabe; ce commentaire, suivant Hadji-Khalifa (V, p. 230), a été composé pour le sultan osmanli Moustafa ibn Soleïman Khan. Un autre commentaire arabe du Gulistan a été composé par Yakoub ibn Seyyid Ali en 931 (1524).

Assez bon neskhi du xviii° siècle. 282 feuillets. 16 sur 22 centimètres. Demi-reliure.

Arabe 6384.

Commentaire sur le الملخص فى الهية, précis d'astronomie écrit en arabe par Mahmoud ibn Omar el-Tchaghmini الجغميني, par Mousa ibn Mahmoud Kazi Zadè-i Roumi; Tchaghmin était, comme nous l'apprend le commentateur, au folio 3 verso, une bourgade du Khvarizm. Un exemplaire de ce commentaire qui a été terminé en 815, sur les ordres du prince timouride Mirza Ouloug Beg Keurguen, existe dans le fonds arabe sous le n° 4386, folio 427.

Bonne écriture neskhi copiée dans la Transoxiane au xviii° siècle. 100 feuillets. 20 sur 15 centimètres. Demi-reliure.

Arabe 6385.

Recueil de gloses écrites par el-Birdjendi البرجندى pour expliquer les passages d'une interprétation difficile du commentaire du traité d'astronomie d'el-Tchaghmini qui fut composé par Kazi Zadè-i Roumi.

Bonne écriture neskhi arabe vraisemblablement de la première moitié du xix° siècle. 113 feuillets. 22 sur 16 centimètres. Demi-reliure.

Arabe 6386.

1° La الكافية. Traité de grammaire arabe, en arabe, par Ibn el-Hadjib, d'une mauvaise écriture nestalik copiée dans la Transoxiane au xix° siècle.

2° Traité qu'un faussaire a voulu faire passer pour le تنقيـح الاصول de Sadr el-Shéria Obeïd Allah ibn Masoud ibn Tadj el-Shéria (cf. Arabe

796) et qui est un fragment d'un traité de théologie sans commencement ni fin, d'une assez bonne écriture égyptienne ou syrienne du xvie siècle.

3º Fragment d'un traité d'ه‌قفلا لوصا, neskhi cursif de la Transoxiane daté de 1235 (1819 de J.-C.).

4º Fragment d'un commentaire en arabe, avec quelques interprétations en persan de la Borda du sheïkh Bousiri. Bon nestalik du xixe siècle.

212 feuillets. 17 sur 14 centimètres. Demi-reliure.

Arabe 6387.

1º Traditions de Kaab el-Ahbar, mauvaise écriture de la Transoxiane du xixe siècle.

2º Petit traité de jurisprudence en arabe sur les héritages, sans titre ni nom d'auteur, dont les premières pages ont été recopiées à une époque moderne. Très bon nestalik persan copié en 1015 de l'hégire (1606 de J.-C.) par Khadjè Ismaïl ibn Abd Allah Khadjè Shokr Allah.

3º بيشت ة‌لأسم Questions sur les partages, en persan.

4º Questions en persan sur les تادابع ; ces deux derniers opuscules d'une mauvaise écriture de la Transoxiane du xixe siècle.

81 feuillets. 19 sur 12 centimètres. Demi-reliure.

Arabe 6388.

Recueil de traités arabes.

1º Note en arabe extraite d'un commentaire sur les *akida*.

2º ميلعتلا قيرطو ملعتمل ملعلا. Traité en arabe sur la science, les moyens de l'acquérir et les conditions auxquelles on peut l'atteindre, par Borhan ed-Din el-Zerbaudji dont le nom a disparu avec la première page ; ce traité est divisé en douze chapitres dont le sommaire assez détaillé est donné dans la préface ; il s'agit, dans cet opuscule, dont il n'y a dans ce manuscrit qu'un fragment, de la science théologique et de la science juridique (voir nº 6378).

3º Opuscule en arabe, sans titre ni nom d'auteur, dans lequel se trouvent exposées sans ordre des traditions de Mahomet, la première étant la célèbre : « Ma nation se divisera en 73 sectes… », des explications sur la science, l'homme qui connaît tout ce qui tombe sous sa connaissance ayant un pouvoir absolu sur toutes les contingences et sur toutes les entités, sur le معاد, etc.

4° Un opuscule en arabe, également sans titre, ni nom d'auteur, sur le monde nouménal حقايق الاشيا et sa connaissance par la science qui a pour instruments les cinq sens.

5° La الرسالة الشمسية فى القواعد المنطقية. Traité sur les principes de la logique dédié à Shems ed-Din par Nedjm ed-Din Omar ibn Ali el-Katibi el-Kazwini, disciple du célèbre Nasir ed-Din Tousi, divisé en une introduction, trois discours et une conclusion. Le présent exemplaire commence immédiatement après le bismillah, sans titre ni nom d'auteur, par ces mots : « et je l'ai divisé en une introduction, trois discours et une conclusion ».

6° Le traité de grammaire arabe intitulé الكافية, par Ibn el-Hadjib.

Bon nestalik copié dans la Transoxiane, dans la première moitié du XIXe siècle. 79 feuillets. 19 sur 12 centimètres. Reliure boukhare.

Arabe 6389.

Recueil de traités de grammaire et de logique.

1° La *Kafiya*, traité de grammaire arabe d'Ibn el-Hadjib, avec, dans l'intérieur du texte, de fausses divisions, sans titre ni nom d'auteur.

2° Traité de logique, sans titre ni nom d'auteur, en arabe, commençant par قال اهل الحق حقايق الاشيا بالله والعلم بها مستحققق خلافا للسو فسطا ئية واسباب.

3° الرسالة الشمسية فى القواعد المنطقية. Traité sur les principes de la logique par Nedjm ed-Din Omar ibn Ali el-Katibi el-Kazwini, disciple de Nasir ed-Din el-Tousi ; cet ouvrage ne porte ni titre ni nom d'auteur et on y trouve pour toute indication la dédicace au *sahib ed-divan* Shems ed-Din.

4° غايت تهذيب الكلام فى تحرير المنطق والكلام وتقريب المرام من تقرير عقايد الاسلام. Traité de logique par un anonyme.

Écritures nestalik très médiocres copiées dans la Transoxiane, dans la première moitié du XIXe siècle. 78 feuillets. 22 sur 14 centimètres. Reliure en demi-parchemin.

Arabe 6390.

Recueil de traités de logique et de théologie arabes.

1º Traité de logique, en arabe, sans titre ni nom d'auteur, incomplet de la fin, le même que le nº 2 du 6389.

2º الرسالة الشمسية فى القواعد المنطقية. Traité sur les principes de la logique par Nedjm ed-Din Omar ibn Ali el-Katibi el-Kazwini, disciple de Nasir ed-Din Tousi, sans titre ni nom d'auteur.

3º Opuscule, sans titre ni nom d'auteur, commençant par cette tradition de Mahomet qu'il existe 73 confessions qui toutes, sauf une seule, sont vouées au feu de l'enfer, traitant de l'existence de Dieu et de ses attributs, et de différents points du dogme religieux de l'Islamisme, le tout sans aucune importance, suivi d'un opuscule d'une page du même genre.

4º غاية التهذيب الكلام فى تحرير المنطق والكلام والقريب المرام تقرير عقايد الاسلام (*sic*). Traité de logique par un auteur anonyme; voir 6389, 4º.

5º Traité de logique anonyme et sans titre.

6º Gloses anonymes et sans titre sur un traité de théologie dans lesquelles l'auteur invoque l'autorité du *Keshshaf* de Zamakhshari, du commentaire des *Makasid*, probablement de Taftazani.

7º Gloses, sans nom d'auteur ni titre, sur un traité de théologie, dans lesquelles on trouve cités un commentaire des *el-Akaïd el-Adhodiyya* d'el-Idji et le commentaire des *Makasid*.

8º Gloses anonymes et sans titre sur un traité de logique.

Écritures neskhi et nestalik passables copiées dans la Transoxiane vraisemblablement dans la seconde moitié du xixe siècle. 170 feuillets. 18 sur 12 centimètres. Mauvais cartonnage boukhare.

Arabe 6391.

Recueil de traités arabes et persans.

1º Kasida, en persan, sur la phonétique de la langue arabe, sans titre ni nom d'auteur.

2º Kasida, en persan, sur les leçons du Koran قواعد قرا, sans titre ni nom d'auteur.

3º Traité en arabe par Keïdani, dont le nom n'est pas cité (voir nº 6344), sur les 5 *ahkam*, divisé en 8 chapitres; ce traité, qui n'a que quelques pages, est suivi d'une prière à réciter aux funérailles, d'un fragment sur les huit sources de la loi religieuse أصول دين, sur les six كلمة دينى et sur les cinq fondements de l'Islamisme, en langue persane.

4° Gloses, en arabe, par Isam ed-Din ibn Mohammed, sur un traité de rhétorique qui, d'après le titre qui se lit dans la souscription de cet opuscule الاصباح بعد الظلام المموج الى المصباح, semble être le *Misbah* de Bedr ed-Din Mohammed ibn Djémal ed-Din Mohammed (Arabe 4375).

5° Traité de logique ميزان sans nom d'auteur, intitulé سلم العلوم; ce traité est incomplet de la fin.

6° Gloses anonymes et sans titre sur un traité de théologie et de philosophie.

Nestalik copié dans la Transoxiane dans la seconde moitié du XIX° siècle. 292 feuillets. 26 sur 16 centimètres. Reliure boukhare en papier vert.

Arabe 6392.

10° كتاب شرعة الاسلام الى دار السلام Traité de *sounoun* appliquées particulièrement aux *ibâdât*, en arabe, par le sheïkh el-Islam Rokn el-Millet wed-Din Aboul-Fadaïl Mohammed ibn Abi Bekr surnommé Imamzadè. D'après la souscription de cet ouvrage, Rokn el-Din, né à Boukhara en 491, fut mufti dans cette ville où il mourut en 573, d'après Hadji-Khalifa (t. IV, p. 42) et où l'on voit encore son tombeau. Hadji-Khalifa fait un grand éloge de cet ouvrage qui a été commenté par le molla Yakoub ibn Sidi (*sic*) Ali, par le sheïkh Yahya ibn Yakhshi (يخشى, lire بخشى Bakhshi ?) ibn Yakhshi ibn Ibrahim el-Roumi, dont le commentaire est moins considérable que le précédent, par le sheïkh Mohammed ibn Omar, plus connu sous le nom de Kourd Efendi († 996 de l'hégire), dont le commentaire comprend deux tomes et est le plus considérable de ceux qui ont été composés sur le *Shirat el-islam*. Le commentaire de Yakoub ibn Seyyid (*sic*) Ali est décrit par Rieu dans son *Supplément*, n° 178, sous le titre de مفاتيح الجنان ومصابيح الجنان. Les *sounoun* سنن sont la base presque exclusive de la jurisprudence فقه, et ce livre n'est pas un traité de théologie comme l'indique Rieu.

Cet ouvrage a été copié par Abd el-Hakim ibn Khodaï Nazar Mikan-
kani ميكانكانى en 1273 (1856 de J.-C.).

2° مسيرة الاتقياء معتصمابحبل توفيق الكبرياء راجبامن د عاالاصفياء
Traité de soufisme, en persan et en arabe, par un auteur qui n'est pas
nommé, qui cite parmi ses sources l'auteur de la *Vikaya*, et Mohammed
Mourad el-Boukhari el-Nakshibendi. La copie n'en est pas terminée et
elle est suivie d'un fragment de divan en turk oriental.

3° Commentaire sur le الفقه الا كبر فى الكلام, traité de théologie scolastique par Abou Hanifa No'man ibn Thabit el-Koufi († 150), composé
par un auteur qui se nomme Aboul-Mountéha, mais auquel Hadji-Khalifa (t. IV, p. 458) donne le nom de Molla Ahmed ibn Mohammed el-
Maghnisévi; ce commentaire fut terminé en 939 de l'hégire.

Le traité d'Abou Hanifa a souvent été commenté, par Mohyi ed-Din
Mohammed ibn Béha ed-Din qui mourut en 953, et dont le livre, très bien
fait d'ailleurs, contient une synthèse de la théologie scolastique et du soufisme; par le molla Elias ibn Ibrahim Sinoubi. Un autre commentaire
du *el-fikh el-ekber* est le الحكمة النبوية, que son auteur, un certain
Ishak, abrégea lui-même. Ce livre a été mis en vers par Aboul-Baka el-
Ahmédi en 918 et son auteur lui donna le titre de عقد الجوهر نظم نثر
الفقه الا كبر; une autre récension en vers a été écrite par Ibrahim ibn
Hosam el-Kermiyani, qui est plus connu sous le nom de Shérifi et qui
mourut en 1016. Un autre commentaire en prose a été écrit en un gros
volume par Ali el-Kari, qui lui a donné le titre de المنح الازهر. Un
exemplaire du commentaire d'Aboul-Mountéha existe dans le fonds
arabe sous le n° 1229.

4° Commentaire par un auteur qui ne se nomme pas, mais qui est Shems
ed-Din Mohammed el-Kouhistani († vers 950), qui travaillait dans le
Ma-vara-nnahar, sur la مقدمة الصلوة, traité sur la prière composé par
Loutf Allah el-Néséfi, plus connu sous le nom d'el-Fadil el-Keïdani qui
était également versé dans la science des sources de la jurisprudence
أصول الفقه et dans la jurisprudence elle-même, c'est-à-dire la science
des fetwas, par opposition aux القياس, الاجماع, السنة, الكتاب. Ce commentaire ne comprend que le livre sur la purification الطهارة. Hadji-Khalifa cite (t. VI, p. 83) cet ouvrage de Loutf Allah el-Néséfi dont le texte

après une courte doxologie commence par اعلم بان العبدمبتلابين ان

يطيع الله et son commentaire ; parmi les autres commentateurs de cet opuscule sur la prière est Ibrahim ibn Mardrus el-Boukhari qui l'attribue également à Loutf Allah el-Néséfi, tandis que d'autres l'attribuent au contraire à Shems ed-Din Mohammed ibn Hamza el-Fénari (Hadji-Khalifa, t. VI, p. 83), tels Molla Ahmed Tashkeupruzadè. Ce livre a été également commenté par el-Hasan el-Kafi el-Ak-hisari († 1025) et Djémal ed-Din Abou Shodja Mankoubers ibn Abd Allah el-Mostanséri el-Hanéfi († 652). On trouve à la fin du commentaire la date de l'année 947.

Cet ouvrage est signé par le copiste du n° 1.

5° انتخاب كتاب طريقة المحمدية. Traité de théologie et d'adabs, en arabe. Le titre est donné sous cette forme incorrecte dans la souscription de l'ouvrage avec l'indication qu'il a été terminé en l'année 1109 de l'hégire الف و ماءة وتسع. Malgré cette date qui est peut-être fausse, c'est très probablement, comme on le voit par la similitude des tables des matières et par ce que dit l'auteur dans sa préface, l'abrégé par Molla Mohammed Tirévi, surnommé el-Aïshi, et mort en 1016 (Hadji-Khalifa, t. IV, p. 160), du الطريقة المحمدية du célèbre molla Mohammed ibn Pir Ali, plus connu sous le nom d'el-Birguili († 981) dont Hadji-Khalifa (*ibid.*) fait un grand éloge. « J'ai tiré cet abrégé du livre intitulé *el-tariket el-Mohammédiyyè*, dit l'auteur anonyme, et j'ai recueilli ces perles du chapitre de la vie Ahmédienne (*el-síret el-Ahmédiyyè*) pour que les personnes qui se livrent à l'étude de la science puissent facilement en acquérir la possession, le retenir par cœur, et que les adeptes du soufisme aient toute facilité pour les acquérir » (*sic*) اتخذت هذا لمختصر

عن كتاب الطريقة المحمدية والتقطت هذه الدرر من باب السيرة الاحمدية حتى يسهل حفظه على الطالبين و يحصل دركه بالسهولة للسالكين.

Cet opuscule est divisé en trois chapitres et l'original se trouve dans le fonds arabe sous le n° 1321. Le livre de Molla Birguili a été commenté par le sheïkh Mohammed ibn Ali ibn Mohammed Allan el-Sadiki el-Bekri el-Mekki sous le titre de المواهب الفتحية على الطريقة المحمدية, par el-Maula Redjeb ibn Ahmed, sous le titre الوسيلة الاحمدية والذريعة السرمدية فى الطريقة المحمدية ; par Mohammed ibn Molla Abou Bekr ibn Molla Mohammed ibn Molla Soleïman el-Kourdi el-Sehrani el-Alem-

vaſi dont l'ouvrage a été traduit en langue turque par Maulana Mohammed el-Isméti, neveu de l'auteur († 1065), et par bien d'autres auteurs.

Cet opuscule a été copié en 1274 (1857 de J.-C.) par le copiste du
n° 1.

6° Opuscule en langue persane, sans titre ni nom d'auteur, sur l'existence nécessaire de Dieu et sur ses attributs, suivi de fragments.

Nestalik cursif et négligé daté de 1274 de l'hégire (1857 de J.-C.).
201 feuillets. 27 sur 16 centimètres. Reliure boukhare en carton recou-
vert de papier vert et signée Mirza Mahmoud Sahhaf.

Arabe 6393.

Recueil de traités en arabe :

1° Gloses par Abd el-Hakim ibn Shems ed-Din el-Salikouti sur un
commentaire du traité de logique intitulé الشمسية ; voir n° 6375 ; exemplaire incomplet.

2° Commentaire en arabe, sans titre, sans nom d'auteur, ni aucune
indication, sur le traité sur les 5 *ahkam* الاحكام الخمسة écrit par
Keïdani ; voir n° 6344.

D'après une note qui se lit à la fin de cet opuscule, il a été composé
en 1188.

3° Traité sans titre dans lequel un auteur anonyme a réuni les sen-
tences qu'Allah a dites aux prophètes d'après les livres révélés.

4° Petit traité en arabe, sans titre ni nom d'auteur, avec l'indication
فى ذكر جواب سوال منكر والنكير, dans lequel il est raconté ce qui ar-
rive au mort après qu'il a été déposé dans son tombeau ; il est suivi
d'une note indiquant les six conditions exigibles pour que la prière
soit valable.

5° Traité sur la prière et sur les *ibâdât* qui doivent l'accompagner,
sans titre ; cet ouvrage est la مقدمة فى الصلاة d'Aboul-Leïs Nasr ibn
Mohammed el-Samarkandi el-Hanéfi (Hadji-Khalifa, t. V, p. 71 et
Arabe 1121) qui a été commentée par plusieurs auteurs, en particulier
par Dzoul-Noun ibn Ahmed el-Sormari († 677) ; par Moslih ed-Din
Moustafa ibn Zakaria ibn Abi Toghmagh el-Karamani († 809), etc.
Aboul-Leïs Nasr ibn Mohammed el-Samarkandi el-Hanéfi († 370)
est l'auteur de plusieurs ouvrages : un livre de soufisme, intitulé :
بستان العارفين (Hadji-Khalifa, II, 51), un livre sur les *fourou el-fikh*
intitulé تأسيس النظاير que d'autres attribuent à Abou Djaafer Ahmed

ibn Abd Allah ibn Aboul-Kasem el-Balkhi (*ibid.*, p. 170) ; un excellent commentaire sur le Koran (*ibid.*, p. 352) ; un célèbre traité parénétique intitulé تنبيه الغافلين ; un commentaire sur la الجامع الصغير et la الجامع الكبير, sur les *forou el-fikh*, de Mohammed ibn el-Hasan el-Sheïbani el-Hanéfi († 187) (*ibid.*, pp. 556 et 565); un précis de droit intitulé خزانة الفقه (t. III, p. 135) ; un traité de droit intitulé : عيون المسايل, en collaboration avec Aboul-Kasem Abd Allah ibn Ahmed el-Balkhi (t. IV, p. 292); un recueil de fetvas (*ibid.*, p. 353) ; un traité de droit intitulé المبسوط (t. V, p. 362); un commentaire sur l'abrégé de droit d'el-Kodouri (*ibid.*, p. 458), etc. La *Mokaddimet fi-el-salat* est suivie d'extraits sur la prière.

6º Commentaire en arabe, sans aucune indication, sur le traité sur les 5 *ahkam* écrit par Kéïdani ; ce commentaire est différent de celui qui se trouve décrit dans le présent volume sous le nº 2 et mieux fait. La souscription indique une année 947, qui est probablement celle de la composition de cet opuscule et la copie en est datée de 1244 hég. (1828 de J.-C.).

Écritures médiocres copiées dans la Transoxiane dans la première moitié du XIXº siècle. 147 feuillets. 21 sur 14 centimètres. Reliure boukhare signée Mohammed Hoseïn ibn Molla Riza el-Sahhaf.

Arabe 6394.

1º صفوات المنقولات فى شرح شروط الصلوة. Commentaire sur un traité sur les conditions de valabilité de la prière par un auteur qui ne se nomme pas et qui ne donne pas le titre du traité qu'il commente ; il se borne à dire dans sa préface qu'ayant vu que ce traité, qui était très en vogue chez les aspirants aux grades du soufisme طالبين, n'avait jamais été commenté d'une façon satisfaisante, il se décida à en écrire un commentaire. Cet ouvrage, qui n'est point cité par Hadji-Khalifa et qui se trouve à Alger avec le titre de صفوة المنقولات (Cat. Fagnan, 715,3) sans plus d'indications, paraît rare et n'a d'ailleurs qu'un intérêt assez secondaire. Le traité commenté offre des analogies avec le باب شروط الصلوة (Arabe 1141-1144), mais il en est différent ; un ouvrage qui offre beaucoup de ressemblances avec ce commentaire, quoique plus développé, et qui est basé sur le même traité des conditions de la prière, se trouve dans le fonds arabe sous le n° 1146 avec le titre منقولة الدلايل شرح شروط الصلوة ; le présent commentaire y est cité au folio 10 recto.

2° القصيدة الأمالى. Kasida en arabe rimant en *lam* et accompagnée d'un commentaire également en arabe; cette poésie, qui commence par

له وصف التكبر والتعالى   اله مالك مولى الموالى

ويخلق ما يشاء بلا مثال   اله لا ينازعه شـريك

et qui contient 70 vers

من التوحيد لم يجمع مثال   نظمت الباب فى سبعين بيتا

traite de l'unité transcendantale (*tauhid*) et des questions de métaphysique que les Soufis ont coutume d'y rattacher.

3° Le traité intitulé أيها الولد du célèbre Houdjdjet el-Islam Abou Hamid Mohammed ibn Mohammed el-Ghazali, sur les *adabs* de la vie religieuse.

4° Commentaire sans titre, auquel on a ajouté le titre inexact de كتاب الفقه الا كبر par Aazz ibn Aboul-Mountéha sur le كتاب فقيه ا كبر de l'imam Abou Hanifa (arabe 978, fol. 12 verso). L'auteur cite dans sa préface un certain Fakhr el-Islam Ali ibn Mohammed ibn el-Hoseïn ibn Abd el-Kérim el-Néséfi el-Pezhdévi البزدوى, ainsi nommé du nom de la forteresse de Pezhdé, près de Nésef, qui mourut en 482 et qui, suivant la théorie musulmane, dit que la science a deux aspects, la science de l'unité de Dieu et de ses attributs, soit la théodicée, et la science de la loi matérielle.

5° نصاب الاخبار لتذكرة الاخيار. Traité encyclopédique sur les conditions de la vie musulmane rédigé par un auteur qui ne se nomme pas d'après le نصاب الاخبار ; un traité intitulé درر الاثار وغرور الاخبار لتفكر الاخيار, composé par Siradj ed-Din Abou Mohammed Ali ibn Osman ibn Mohammed el-Oushi d'après le غرور الاخبار ودرر الاشعار

est cité par Hadji-Khalifa, VI, 345 ; peut-être cet ouvrage est-il le même
que celui qui se trouve dans le présent manuscrit.

Neskhi passable copié par un certain Iskender ibn Abd el-Sélam sur
du papier de couleur dans la première moitié du xixe siècle ; 122 feuillets. 22 sur 18 centimètres. Reliure en cuir moderne.

Arabe 6395.

مختصر وقاية الرواية فى مسايل الهداية. Abrégé du commentaire de
la *Vikaya* par Obeïd Allah ibn Masoud ibn Tadj el-Shéria ; voir
n°s 6340-6343.

Bon neskhi copié en 850 de l'hégire (1446 de J.-C.) par Djélal ibn
Nizam el-Ankari. 111 feuillets. 27 sur 17 centimètres. Reliure boukhare.

Supplément persan 1671.

Un volume isolé d'un commentaire sur le Koran, en langue persane.

Ce manuscrit porte en plusieurs endroits le cachet du *vakf* des livres
de Khadjè Mohammed Parsa, cf. n° 6325.

Écritures de plusieurs mains cursives du xve siècle. 189 feuillets.
18 sur 15 centimètres. Reliure boukhare en cuir portant la signature de
Molla Hakim ibn Molla Mohammed Rahim.

Supplément persan 1672.

Commentaire sur la sourate el-Fatiha et les sourates de la sourate
el-Moulk jusqu'à la fin du Koran, par Yakoub ibn Osman ibn Mahmoud
el-Ghaznévi, puis el-Tcharkhi, puis el-Shirazi, el-Nakshibendi ;
l'auteur déclare dans sa courte préface qu'il a entrepris ce travail
en persan pour répondre au désir de plusieurs de ses amis, d'après
le التيسير, *el-Teïsir*, le *Keshshaf* de Zamakhshari et el-Kévashi الكواشى
c'est-à-dire le تبصرة فى التفسير, commentaire du Koran par Mouaffik
ed-Din Aboul-Abbas Ahmed ibn Yousouf el-Kévashi el-Mausili
(† 680).

Cet ouvrage est mentionné par Hadji-Khalifa (t. II, p. 374) sous
le titre de تفسير الفاتحة sans plus de renseignements ; d'après le même
auteur (*ibid.*, p. 383), Yakoub ibn Osman aurait également composé

un commentaire complet sur le Koran, le تفسير يعقوب, mais comme
il est évident que le bibliographe ottoman n'a vu ni l'un ni l'autre de ces
ouvrages, il est difficile de savoir jusqu'à quel point ils sont indépen-
dants ; il écrivit également, sous le titre de رسالة الانسية, un traité de
soufisme en persan, d'après les enseignements du célèbre Béha ed-Din
Nakshibend (728-791). Le التيسير, dont il est parlé dans la préface, peut
être le تيسير فى علم التفسير qui est une *ordjouza* en 3200 vers sur
l'exégèse du Koran par Abd el-Aziz ibn Ahmed el-Dirini († 694),
le تيسير فى التفسير de Nedjm ed-Din Abou Hafs Omar ibn Mohammed
el-Néséfi, qui mourut à Samarkande en 537 ; le تيسير فى التفسير du
célèbre Aboul-Kasem Abd el-Kérim ibn Havazin el-Koshéïri el-Shafeï
(† 465), qui est l'un des meilleurs commentaires qui aient jamais
existé ; le تيسير فى القراات السبع sur les sept leçons du Koran par
Abou Amrou Osman ibn Saïd ibn Osman el-Dani († 444) ; le
تيسير فى القراات traitant du même sujet, par Aboul Abbas Ahmed
ibn Ammar el-Mehdévi qui mourut après l'année 430. Un
تيسير فاتحة الاناب من تفسير فاتحة الكتاب commentaire de la Fatiha
a été écrit par Medjd ed-Din Abou Tahir Mohammed ibn Yakoub el-
Firouzabadi († 817) et un تيسير فى علم التفسير par Mohyi ed-Din ibn
Soleïman Kafidji († 856).

Écriture nestalik médiocre, copiée dans la Transoxiane en 1242 de
l'hégire (1826 de J.-C.). 58 feuillets. 23 sur 15 centimètres. Reliure boukhare.

Supplément persan 1673.

Recueil de traités sur la récitation du Koran.

باب فى معرفة زلة القارى. Traité en persan sur les fautes que l'on
est exposé à commettre en lisant le Koran et que l'auteur range sous
six chefs principaux. Ce petit traité est une simple traduction de celui
qui a été rédigé sous ce même titre, en arabe, par Nedjm ed-Din Omar
ibn Mohammed ibn As'ad Abou Hafs el-Néséfi (Arabe 592, folio 159
verso) ; d'après Hadji-Khalifa, des ouvrages intitulés *Zillet el-kari* ont
été composés par Shihab ed-Din Ahmed ibn Mansour el-Zahid el-

Hakim, surnommé el-Haddadi, et par Mohammed ibn Mohammed el-Ramli. D'après une note qui se trouve tout à la fin de cet opuscule, le traducteur serait Yadigar ibn Mohammed qui l'aurait exécuté en 945 ; le *Zillet el-kari* est suivi de deux feuillets d'un ouvrage persan analogue dans lequel son autorité est invoquée, et d'extraits divers.

2° فواید القرآن. Traité en persan sur la lecture du Koran par Yar Mohammed ibn Khodaïdad Samarkandi ; l'auteur dit dans sa préface qu'après avoir suivi les cours des maîtres de la lecture koranique, ses amis lui demandèrent de composer un livre sur ces matières destiné surtout aux étudiants et qu'il rédigea, pour leur donner satisfaction, le *Févaïd el-Koran* qui est divisé en 12 chapitres. Ce traité s'arrête avec les premières lignes du huitième chapitre.

3° Fragment du même ouvrage commençant avec la fin du second chapitre et se terminant avec les premiers mots du dixième.

4° Fragment du même ouvrage commençant dans le neuvième chapitre.

5° Détails biographiques sur les sept lecteurs suivis de notes et d'extraits divers, parmi lesquels deux kasidas persanes sur les points du gosier où s'émettent les consonnes arabes, et sur les pauses, en général de fragments qui traitent de la lecture du Koran.

6° Traité en persan sur la lecture du Koran, sans titre, par un nommé Hafiz Mohammed Sadik ; ce traité est rédigé sous forme d'un commentaire ou plutôt de gloses حاشیه qui furent écrites par Hafiz Mohammed Sadik, d'après l'enseignement qu'il avait reçu de ses maîtres, pour éclairer les passages difficiles d'un traité de lecture du Koran en vers persans qui avait pour auteur Mohammed Hafiz, qui était plus connu sous le nom de Hafiz Izz ed-Din, et qui présentait de nombreuses difficultés pour les commençants ; ce traité est suivi du nom de lecteurs avec des sigles et d'un fragment d'une page sur les « traditions de sainteté » qui sont les choses que Mahomet a entendues de la bouche d'Allah durant la nuit du Miradj, etc.

7° Traité en persan, sans titre ni nom d'auteur, sur la pause dans la lecture koranique.

8° Précis en persan, sans titre ni nom d'auteur, sur la récitation du Koran, suivi de notes, d'extraits et de traditions, de sourates du Koran avec une notation.

9° المفید فی علم التجوید. Traité sur la récitation du texte koranique par el-Hasan ibn Shodja ibn el-Hasan el-Touni, en arabe ; la copie de ce traité qui est incomplet est suivie du commencement d'une kasida en persan très mal écrite sur la phonétique des consonnes arabes.

10° (?) النتيجة على طريق النبيخة. Le commencement du traité sur les leçons du Koran par Médjid ? Ahmed ibn Nasir ibn Mohammed el-Mouallim el-Shirazi ; ce traité, dont le titre est écrit sans points diacritiques, fut composé sous la direction du maître de l'auteur qui est nommé le sheïkh el-Islam Tadj el-Millet wel-Shériya wel-Takva wel-Din pour résumer la théorie de la lecture du Koran qui est exposée dans la *Shâtibiyya* et dans le *Taïsir* التيسير ; la *Shâtibiyya* est un arrangement, en vers, du *Taïsir* qui traite des leçons du Koran, composé par Ibn Ferro el-Shatibi, qui mourut au Caire en l'année 590, suivant les indications données par Hadji-Khalifa. Il existe dans la littérature arabe deux ouvrages portant le titre de *Taïsir* et traitant de la lecture du Koran, le premier fut écrit par l'imam Abou Amrou Osman ibn Saïd ibn Osman el-Dani qui mourut en 444 de l'hégire et qui a été souvent commenté ; l'autre, qui avait deux récensions, l'une abrégée et l'autre développée, fut écrit par Aboul Abbas Ahmed ibn Ammar el-Mehdévi qui mourut vers 430.

La division de ce traité est indiquée dans la préface.

11° روح المريد فى شرح العقد الفريد. La fin d'un commentaire en arabe sur une kasida rimant en *lam-élif* sur la lecture du texte koranique, le dernier vers est

محمد الهادى عليه الصلوة والسلام   وكل الال والصحب يحملا

La fin de ce commentaire, qui porte la date de 964, qui indique probablement la date à laquelle l'original a été copié, est suivie de fragments sur la lecture du Koran et, en particulier, d'un fragment qui est la fin du traité de Médjid Ahmed, qui, d'après la souscription, a été copié en 967 par Mohammed ibn Ismet Allah, d'une notice sur les onze lecteurs du Koran, d'un traité de la lecture du texte koranique incomplet du commencement et débutant par un exposé de la phonétique arabe, intitulé dans la souscription كتاب التجويد, et copié par un certain Hafiz Nazir Mohammed.

12° Kasida persane dans laquelle un certain Emir Izz ed-Din ibn Mohammed ibn Béha ed-Din el-Djauzi a réuni tous les enseignements qui sont nécessaires aux lecteurs du Koran.

13° خلاصة التجويد. Précis en persan sur la lecture du Koran par un anonyme.

14° Traité en persan sur la lecture du Koran, sans titre ni nom d'auteur, divisé en 14 chapitres, dont le premier traite de la phonétique arabe; la copie porte la date de 957 de l'hégire, date qui indique celle à laquelle fut copié l'original du présent manuscrit.

15° Traité sur la lecture du Koran ; l'auteur de ce traité dit dans sa préface que les lecteurs du Koran se fiaient principalement à l'autorité de la *Shâtibiyya* d'Ibn Ferro dont l'intelligence exigeait la connaissance de la langue arabe, et qu'il a rédigé un traité de la lecture du Koran d'après l'enseignement qui se trouve exposé dans cette poésie. Cet opuscule est divisé en trente chapitres et il commence par une liste des sigles qui représentent les noms des lecteurs du Koran.

16° Traité sur la lecture du Koran sans titre par un certain Mohammed ibn Ahmed ibn Khalifa, en arabe, divisé en une préface, dix-huit chapitres et une conclusion ; il n'y a que le premier feuillet de ce traité qui est suivi par un fragment en persan sur les pauses et d'un fragment de grammaire arabe en langue persane.

Écritures nestalik médiocres et cursives copiées dans la Transoxiane au xviiie siècle. 204 feuillets. 19 sur 13 centimètres. Reliure en parchemin.

Supplément persan 1674.

تذكرة الشهداء. Histoire en persan du Prophète et de sa famille par Mohammed Hoseïn ibn Baki el-Boukhari; ce traité est divisé en dix sections nommées *medjlis* dont la liste détaillée est donnée dans la préface.

Nestalik médiocre copié dans la Transoxiane dans la seconde moitié du xixe siècle. 237 feuillets. 25 sur 16 centimètres. Reliure en demi-parchemin.

Supplément persan 1675.

Fragment d'une histoire de Mahomet en persan dont le premier chapitre complet (le 5e) traite du miradj et de l'hégire, suivi d'un recueil d'histoires également sans titre ni nom d'auteur. L'histoire de Mahomet est une compilation faite surtout avec des extraits des commentaires arabes du Koran.

Assez bonnes écritures nestalik persanes, la première du xive siècle, la seconde du xviie siècle. 188 feuillets. 22 sur 14 centimètres. Reliure en cuir rouge de la Transoxiane.

Supplément persan 1676.

قصه امير حمزه. Roman de Hamza, attribué à Shah Nasir ed-Din Mohammed (Rieu, *Catalogue*, p. 760).

Ce roman, dont l'auteur n'est pas connu d'une façon précise, contient le récit des aventures de Hamza, fils d'Abd el-Mouttalib, et oncle de Mahomet, à la cour du roi sassanide Noushirvan, ses expéditions contre le roi de Ceylan, l'empereur byzantin et le souverain de l'Égypte; il en existe plusieurs récensions.

Bon neskhi indien copié en 1092 de l'hégire (1681 de J.-C.). 190 feuillets. 22 sur 15 centimètres. Reliure en demi-parchemin.

Supplément persan 1677.

Recueil de روضه ou allocutions prononcées en commémoration de l'imam Hoseïn, fils d'Ali.

Ces allocutions qui se font toute l'année, mais surtout le jeudi et le vendredi des mois de Moharrem et de Safer, et principalement les dix premiers jours de Moharrem et les dix derniers de Safer, consistent en la récitation de traditions que le روضه خوان rattache d'une façon plus ou moins artificielle à l'un des événements de la vie du martyr de Kerbéla. Les livres qui traitent de l'histoire d'Hoseïn et de son assassinat portent dans la littérature persane le nom de مقتل, le premier de ces *maktal* est celui qu'Hoseïn Vaïz el-Kashifi écrivit sous le titre de روضة الشهدا qui, par abréviation, روضه, est devenu le nom générique de ces sortes de compositions.

Assez bonne écriture nestalik persane de la fin du xviie siècle. 238 feuillets. 22 sur 15 centimètres. Reliure en demi-parchemin.

Supplément persan 1678.

Fragments de traités de soufisme et d'histoire des prophètes, dont l'un, d'après un titre douteux, serait le أسرارالاوليا, qui n'est point mentionné par Hadji-Khalifa.

Écritures indiennes passables de la seconde partie du xviiie siècle. 257 feuillets. 20 sur 12 centimètres. Reliure boukhare en papier signée de Molla Mohammed Emin Sahhaf.

Supplément persan 1679.

Mélanges sur Mahomet.

۱۰ نور نا مهٔ شریف الحضرت. Traité sans nom d'auteur, le titre n'étant donné que tout à la fin du n° 3 et dans l'intérieur du volume, sur la création de la lumière mohammédienne et sur la création d'Adam, d'après les traditions courantes de l'Islamisme. L'auteur prétend au commencement de cet opuscule que sa lecture est obligatoire pour tous les Musulmans et qu'elle procure tous les avantages de celle de la Bible (*Tôrât*), des Évangiles (*Indjîl-i Isà*), des Psaumes de David (*Zébour*) et du Koran (*Fourkan-i Mohammed*) ; il dit que l'imam Mohammed Ghazali qui possédait dans sa bibliothèque 999 manuscrits, étant venu à lire le *Noûr-nâmè*, le trouva si admirable qu'il donna l'ordre qu'on le portât au sultan Mahmoud.

2° شمائل نامه. Traité sur les perfections de Mahomet, probablement par le même auteur, et dont la lecture doit également assurer des avantages incomparables.

3° وصيت نامهٔ حضرت سرور انبيا Testament du prophète Mohammed.

Nestalik passable copié dans la Transoxiane dans la seconde moitié du xixe siècle. 48 feuillets. 19 sur 12 centimètres. Reliure boukhare en papier rouge estampé.

Supplément persan 1680.

1° Histoire de Mahomet et de sa famille, sans titre ni nom d'auteur.

2° Contes et histoires diverses, la plupart de très peu d'étendue et ayant trait à l'histoire religieuse, sans aucun titre, ni aucune autre indication.

3° Traité de théologie et d'histoire religieuse également sans titre ni nom d'auteur.

4° Traditions de Kaab el-Ahbar; récit d'un événement dans lequel paraît le sultan timouride du Khorasan, Hoseïn Mirza.

5° Recueil, sans titre ni nom d'auteur, d'histoires de tout genre.

6° *Idem*.

7° سراج الابرار ومنهاج الانوار. Traité de morale et d'*adabs* rédigé d'après les traditions, les paroles des Soufis, le *Tenbih el-ghafilin* تنبه الغافلين (sic). Le *Siradj el-ébrar* est divisé en 19 sections.

8° Récits sur le Prophète.

Bon neskhi copié dans le Turkestan chinois en 1227 de l'hégire (1812 de J.-C.). 432 feuillets. 20 sur 12 centimètres. Reliure boukhare.

Supplément persan 1681.

رياض الناصحين. Traité encyclopédique en persan, composé par el-Djami Mohammed ibn Mohammed ibn Sheïkh Mohammed el-Djami, aux environs de l'année 835 sous le règne de Shah Rokh Béhadour d'après 444 (*sic*) des livres les plus réputés sur les *ousoul ed-din,* les *fourou ed-din,* sur les *ousoul el-fikh,* les *fourou el-fikh,* sur les *akida,* sur les traditions musulmanes, sur la médecine, la philosophie, les livres de soufisme, les *tezkérès* en prose et en vers. Cet opuscule, qui n'a aucun intérêt scientifique, mais qui est assez bien fait, n'est pas cité par Hadji-Khalifa.

Assez bon nestalik copié dans la Transoxiane vers la moitié du XIXᵉ siècle. 107 feuillets. 18 sur 11 centimètres. Reliure boukhare en papier vert.

Supplément persan 1682.

Recueil de traités persans.

1° Traité en vers persans sur les *ibâdât* et les *ahkâm,* généralement anonyme et sans titre; le titre de رسالة عمليه est donné sous le n° 1691, et il est possible que cet opuscule ait pour auteur Molla Mohammed Emin, fils d'Oustad Mohammed Kérim.

2° Catéchisme en prose persane écrit pour les novices, divisé en 4 chapitres sur les اصول الدين et le فقه ; ce traité est incomplet de la fin.

3° Traité en vers mesnévis, sur les adabs ; l'auteur en est indiqué au n° 1691, 4 ; il est anonyme et sans titre dans toutes les autres copies; le présent exemplaire est incomplet du commencement.

4° Fragment d'une histoire des prophètes en vers persans.

5° Fragment du divan de Djami.

6° Le منطق الطير de Férid ed-Din Attar.

Écritures de diverses mains, toutes boukhares, le dernier numéro est un bon nestalik daté de 1215 de l'hégire (1800 de J.-C.). 153 feuillets. 22 sur 14 centimètres. Reliure en parchemin.

Supplément persan 1683.

Recueil de traités de théologie, en persan.

1° Le même traité que 1682, 1.

2° Le même traité que 1682, 2.

3° Catéchisme pour les commençants, sans titre, ni nom d'auteur,

rédigé sur le même plan que le n° 1682, 2, traitant des اصول الدين et du
فقه, commençant par cette tradition de Mahomet que la recherche de la
science est une obligation légale et que la science علم a quatre aspects :
la science de l'unité de Dieu, la science de la prière, la science du jeûne,
et celle des choses qui sont particulières aux femmes علم حيض و نفايس.

4° Le même traité que 1682, 3 ; la fin de ce traité se trouve après le
numéro suivant.

5° Fragment d'un traité analogue aux n°ˢ 2 et 3, rédigé sous forme
de réponses à des demandes.

Nestalik passable copié dans la Transoxiane vers la moitié du
XIXᵉ siècle. 133 feuillets. 19 sur 12 centimètres. Reliure boukhare recouverte de papier vert.

Supplément persan 1684.

1° تيسير الاحكام. Traité en persan rédigé d'après les sources arabes
par Shems-i Omar Daulétabadi sur la théologie et les prescriptions religieuses de l'Islamisme, dédié à un grand officier indien, nommé Ashraf-
Khan.

2° مختصر صلوة ماجينى. Traité sur la prière musulmane rédigé en
persan par Fadl Allah ibn Mohammed ibn Ayyoub ibn Abil Hasan, sur-
nommé Matchin, d'après des sources indiquées dans la préface : le
Mokhtéser d'el-Koudouri, la *Hidaya*, le *Khizanet el-foukaha*, le
Zad el-foukaha, le *Tohfet el-foukaha*, les *Fétavi-i Zahiri, Saghiri,
Kabiri, Nasiri, Khani, Hosami*, etc.

3° Fragment, incomplet du commencement et de la fin, d'un traité
arabe d'عبادات dans lequel il est parlé de la prière.

Les premières pages de ce volume sont couvertes de notes.

Bon neskhi indien copié pour les deux premiers numéros dans la
sixième année du règne de Ferroukh Siyer (1718 de J.-C.). 62 feuillets.
23 sur 18 centimètres. Reliure en maroquin rouge.

Supplément persan 1685.

1° Fragment d'un recueil de gloses sur un traité de logique dans lequel on trouve cité comme autorité le commentaire du *Miftah el-
ouloum*, ce fragment est suivi de la fin d'un catéchisme.

2° Le même traité que 1683, 3.

3º Commencement du traité conservé sous le nº 1682, 3.

Écritures nestalik passables, copiées dans la Transoxiane, celle du premier fragment au xviiiᵉ siècle, celle des deux autres opuscules vers la moitié du xixᵉ siècle. 100 feuillets. 20 sur 13 centimètres. Reliure en demi-parchemin.

Supplément persan 1686.

1º Le même traité que 1682, 1.

2º Le même traité que 1682, 2, la fin se trouve après les premières pages du nº 3.

3º Le même traité que 1682, 3.

Écritures nestalik passables copiées dans la Transoxiane vers le milieu du xixᵉ siècle. 85 feuillets. 20 sur 13 centimètres. Reliure en demi-parchemin.

Supplément persan 1687.

1º Fragment d'un traité en vers sur les prescriptions religieuses de l'Islamisme.

2º Le même traité que 1682, 2, incomplet du commencement.

3º Le même traité que 1682, 3.

Nestalik médiocre copié dans la Transoxiane dans la première moitié du xixᵉ siècle. 127 feuillets. 20 sur 13 centimètres. Reliure en demi-parchemin.

Supplément persan 1688.

Recueil de traités de théologie, en persan.

1º Le même traité que 1682, 1.

2º Le même traité que 1682, 2.

3º Le même traité que 1682, 3.

Nestalik médiocre copié dans la Transoxiane en 1277 (1860 de J.-C.). 105 feuillets. 20 sur 13 centimètres. Reliure en demi-parchemin.

Supplément persan 1689.

1º Le même traité que 1682, 2, incomplet du commencement.

2º Le même traité que 1682, 3.

Écriture nestalik passable copiée dans la Transoxiane vers la moitié du xixᵉ siècle. 58 feuillets. 25 sur 15 centimètres. Reliure en demi-parchemin.

Supplément persan 1690.

1º Traité sur les conditions de la prière, écrit en persan par un certain Mohammed ibn Ahmed ibn Zahid.

2° مهمات المسلمين. Traité sur les عبادات en persan par un auteur qui ne se nomme pas, rédigé sous forme de réponses à des questions; incomplet de la fin.

3° Fragment en persan d'une histoire des prophètes.

Écritures nestalik médiocres copiées dans la Transoxiane dans la première moitié du xixe siècle. 115 feuillets. 18 sur 12 centimètres. Reliure en demi-parchemin.

Supplément persan 1691.

1° رسالة عمليه ; le même traité que 1682,1.

2° Le même traité que 1682,2 ; la copie en a été terminée en 1299.

3° Le même ouvrage que 1683,3 ; la copie en a été également terminée en 1299.

4° Le même traité que 1682,3 ; il a été composé en 1298, dans une ville de la Transoxiane, par un certain Molla Ayyoub Khadjè dans le médrésè de Bedr ed-Din ? ; la copie est datée de 1299.

Nestalik médiocre de la Transoxiane copié en 1299 de l'hégire (1881 de J.-C.). 64 feuillets. 20 sur 13 centimètres. Reliure boukhare.

Supplément persan 1692.

Recueil de traités persans.
1° Le même traité que 1682,1.
2° Le même traité que 1682, 2.
3° Le même traité que 1683, 3. Ce traité, qui est également anonyme et sans titre, commence par la tradition suivant laquelle la recherche de la science est d'observance stricte pour tous les Musulmans.
4° Le même traité que 1682, 3.
5° Le roman de Yousouf et Zouleïkha en vers mesnévis par Nazim.

Nestalik cursif écrit dans la Transoxiane aux environs du milieu du xixe siècle. 132 feuillets. 24 sur 14 centimètres. Reliure boukhare en carton.

Supplément persan 1693.

1° La fin d'un traité, en prose et en vers persans, de théologie et de jurisprudence élémentaires.
2° Le même traité que 1683,3. La copie est datée de 1243 de l'hégire.
3° Le même traité que 1682, 3.
4° Le même traité que 1682,2, interrompu par le cinquième chapitre d'un traité d'*ahkam* en persan, traitant des causes qui annulent la valeur des actes rituels.

Nestalik cursif copié dans la Transoxiane en 1243 de l'hégire (1827 de J.-C.). 184 feuillets. 25 sur 14 centimètres. Reliure boukhare recouverte de papier vert.

Supplément persan 1694.

Recueil de traités en persan et en turk oriental.

1° Histoire en turk oriental du célèbre saint soufi Ahmed Yésaoul, en vers.

2° Fragment d'un commentaire en persan, sans aucune indication, sur un traité de jurisprudence.

3° Le même traité que 1682,1.

4° Le même traité que 1682, 2.

5° Traité en vers persans, sans titre et anonyme, sur les cinq temps auxquels il convient de faire la prière.

6° Le même traité que 1683, 3.

7° Le même traité que 1682, 3.

8° Traité en vers, en turk oriental, sur les *akîdât*, rédigé d'après les ouvrages persans.

9° Les invocations du prophète Moïse, en turk oriental.

10° Histoire du prophète Joseph, en turk oriental, en vers et en prose.

Mauvaises écritures nestalik cursives, copiées dans la Transoxiane dans la seconde moitié du xixᵉ siècle. 160 feuillets. 25 sur 16 centimètres. Reliure boukhare couverte de papier noir.

Supplément persan 1695.

Recueil d'ouvrages persans.

1° Le même traité que 1682, 1.

2" Le même traité que 1682, 2.

3° Le même traité que 1683, 3.

4° Opuscule en prose persane, également sans titre ni nom d'auteur, sur les obligations religieuses de l'Islamisme.

5° Le même traité que 1682, 3 ; la place de toutes les rubriques a été laissée en blanc par le copiste.

6° Extrait du divan de Hafiz, incomplet de la fin.

Assez bonne écriture nestalik copiée dans la Transoxiane dans la première moitié du xixᵉ siècle. 95 feuillets. 24 sur 14 centimètres. Reliure boukhare signée Molla Ismaïl Sahhaf.

Supplément persan 1696.

قيامت نامه. Traité d'eschatologie musulmane ; le commencement du volume a disparu avec le titre et le nom de l'auteur; le titre ne se trouve plus indiqué que dans les marges; ce traité commence par les 75 noms différents que porte dans la terminologie arabe le jour de la résurrection ; il continue par la mention d'Israfil, qui souffle de la trompette, d'Iblis, de l'ange de la mort, etc., de leur rôle et du sort réservé aux âmes après la mort.

Bonne écriture neskhi copiée dans la Transoxiane en 1222 de l'hégire (1807 de J.-C.). 75 feuillets. 27 sur 20 centimètres. Reliure en demi-parchemin.

Supplément persan 1697.

Recueil de traités persans.

1° Le même traité que 1682, 1 ; on lit tout à fait à la fin la mention que ce livre a été terminé par Molla Mohammed Emin, fils d'Oustad Mohammed Kérim, sans qu'il soit facile de déterminer si ce personnage est l'auteur de l'ouvrage, ou simplement le copiste de l'exemplaire.

2° Le même traité que 1682, 2.

3° Le même traité que 1683, 3.

4° Traité analogue comportant des réponses à des questions de théologie et de jurisprudence, et comprenant l'histoire de Mahomet et des premiers khalifes.

5° Le même traité que 1682, 3.

Écritures nestalik copiées dans la Transoxiane dans la seconde moitié du XIXe siècle. 94 feuillets, 26 sur 16 centimètres. Reliure boukhare.

Supplément persan 1698.

Recueil de traités en persan sur la théologie musulmane.

1° Le même traité que 1682, 1.

2° Le même traité que 1682, 2.

3° Le même traité que 1683, 3.

4° Le même traité que 1682, 3.

Gros nestalik médiocre copié dans la Transoxiane vers la moitié du XIXe siècle. 108 feuillets. 25 sur 14 centimètres. Reliure boukhare en papier rouge.

Supplément persan 1699.

Traité de théologie et de pratiques religieuses de l'Islamisme en vers persans, sans titre ni nom d'auteur.

Cet ouvrage, dont la poésie est plus que médiocre, commence par les louanges de Mahomet et de ses successeurs immédiats ; on trouve à la fin des indications sur les moments où l'on doit laver et couper les vêtements.

Bon talik copié dans une ville de la Transoxiane en 1244 de l'hégire (1828 de J.-C.) par Mir Moaththar, fils de Molla Mazhar. 92 feuillets. 25 sur 16 centimètres. Mauvaise reliure boukhare.

Supplément persan 1700.

Recueil de traités sur la théologie musulmane.

1° Fragment, incomplet du commencement, d'un traité en vers persans sur les pratiques rituelles du culte (*ibâdât*).

2° Fragment du traité décrit sous le n° 1682, 2.

3° Le même ouvrage que 1683, 3.

4° Le même traité que 1682. 3 ; toutes les rubriques en ont été omises ; ce traité est suivi par des extraits de poésies en persan et en turk oriental.

5° رساله در بيان فضيلت قبر متبرك خواجه كعب الاحبار. Traité en prose persane, sans titre ni nom d'auteur, traitant de l'excellence du tombeau du célèbre traditionniste Kaab el-Ahbar.

Nestalik cursif copié dans la Transoxiane dans la seconde moitié du xixe siècle. 75 feuillets, 19 sur 12 centimètres. Reliure boukhare en carton.

Supplément persan 1701.

Fragment d'un catéchisme en persan par demandes et réponses sur toutes sortes de sujets intéressant la foi musulmane, suivi d'un traité en vers persans sur les *adabs*, sans titre ni nom d'auteur, incomplet de la fin.

Gros nestalik copié dans la Transoxiane dans la seconde moitié du xixe siècle. 23 sur 14 centimètres. 62 feuillets. Reliure en demi-parchemin.

Supplément persan 1702.

Recueil de traités en langue persane sur la religion musulmane.

1° Le même traité que 1682, 1.

2° Le même traité que 1682. 2 avec quelques différences de rédaction.

3° Le même traité que 1682, 3.

Nestalik passable copié dans la Transoxiane dans la seconde moitié du xixe siècle. 192 feuillets. 20 sur 13 centimètres. Reliure boukhare.

Supplément persan 1703.

Traité de soufisme sur l'amour divin dédié au sultan Aboul-Mansour Abd el-Aziz Béhadour Khan (folio 12 recto) ou Aboul-Mouzaffer (folio 13 recto), par un auteur qui ne se nomme pas dans la longue préface par laquelle débute l'ouvrage, mais qui indique, au folio 12 recto, les raisons qui l'ont conduit à en entreprendre la rédaction. Ce précis (folio 15 recto) est divisé en 8 chapitres dont le sommaire est donné au folio 16 recto. D'après une souscription qui a été refaite à une époque postérieure, ce traité a pour titre روضة العشاق. On trouve à la fin de ce volume des prières en arabe, des carrés magiques, etc.

Nestalik passable copié dans la Transoxiane au xviiie siècle : 82 feuillets. 19 sur 12 centimètres. Demi-reliure.

Supplément persan 1704.

اخلاق المحسنين. Traité d'éthique par Hoseïn ibn Ali el-Vaïz el-Kashifi.

Nestalik passable copié dans la Transoxiane, vraisemblablement à la fin du xviiie siècle. 131 feuillets. 22 sur 16 centimètres. Reliure en demi-parchemin.

Supplément persan 1705.

Le même ouvrage. Exemplaire incomplet du commencement.

Assez bon nestalik indien vraisemblablement de la seconde moitié du xviiie siècle. La fin est en un nestalik boukhare médiocre daté de 1327 (*sic*) (1909 de J.-C.). 136 feuillets. 22 sur 16 centimètres. Reliure en demi-parchemin.

Supplément persan 1706.

Traité en persan sur la fabrication des médicaments.
Exemplaire incomplet du commencement et de la fin.
Mauvaise écriture copiée dans le Turkestan chinois au xixe siècle; 134 feuillets; 20 sur 14 centimètres. Reliure en papier doré.

Supplément persan 1707.

Commentaire en persan sur la *Kafiya* d'Ibn el-Hadjib.
Ce commentaire est très étendu et très bien fait, et le texte arabe de la *Kafiya* a été reporté au xviiie siècle dans les marges du manuscrit;

Hadji-Khalifa (t. V, pp. 7 et 12) cite comme commentaires persans de la *Kafiya*, celui de Seyyid Shérif Ali ibn Mohammed el-Djordjani que Fluegel attribue à tort à Djami, Djami n'étant jamais nommé
el-Seyyid, et pour cause, de Moïn ed-Din Mohammed Emin el-Hérévi,
et de Ala ed-Din Ali ibn Mohammed el-Koushi. Un exemplaire du
commentaire de Djordjani se trouve à la Bodléienne (Ethé 2434). Le
présent exemplaire est incomplet des feuillets du commencement et n'a
ni titre ni nom d'auteur.

Bon neskhi persan, vraisemblablement du xvᵉ siècle. 182 feuillets.
18 sur 13 centimètres. Reliure boukhare.

Supplément persan 1708.

Traités de grammaire et de logique :

1º فوايد وافية بحل مشكلات الكافية. Commentaire sur la *Kafiya* d'Ibn
el-Hadjib, par Abd er-Rahman ibn Ahmed el-Djami, exemplaire incomplet, voir arabe 6353.

2º مجموعة خانى. Commencement d'un traité de soufisme, en
persan.

3º Commencement d'un commentaire en persan, par Abd Allah ibn
Akamkhand اقمخند, sur un traité de grammaire arabe.

4º Le même commencement, d'une autre écriture.

5º Traité en persan sur la conjugaison arabe.

6º Traité de logique, en persan, composé par l'auteur de la الرسالة
الشمسية بالقواعد المنطقية, voir arabe 6368.

7º Questions diverses en persan sur divers points de théologie.

Écritures médiocres de la Transoxiane copiées au xixᵉ siècle. 97 feuillets. 24 sur 14 centimètres. Reliure boukhare.

Supplément persan 1709.

Le منطق الطير, le premier mesnévi de la Sitté de Férid ed-Din
Attar.

Nestalik très médiocre copié dans la Transoxiane dans la première
moitié du xixᵉ siècle. 87 feuillets. 19 sur 12 centimètres. Reliure
boukhare.

Supplément persan 1710.

Le même ouvrage.

Mauvaise écriture nestalik sans les rubriques, copiée dans la Transoxiane vers le milieu du xixe siècle. 174 feuillets. 26 sur 16 centimètres. Reliure boukhare en papier vert.

Supplément persan 1711.

Divan du sheïkh Saadi de Shiraz.

Assez bonne écriture neskhi copiée dans la Transoxiane au commencement du xixe siècle. 289 feuillets. 24 sur 16 centimètres. Reliure boukhare.

Supplément persan 1712.

دولرانى خضوخان. Poème par Emir Khosrev Dehlévi sur les aventures amoureuses de Khizr-khan, fils du sultan Ala ed-Din, avec Daval Rani, fille du Raïkarn du Goudjarate. Ce poème fut écrit sur la demande de Khizr-Khan, d'après un récit de ses aventures qu'il avait rédigé lui-même et il fut dédié au sultan Ala ed-Din. Le présent manuscrit est faussement indiqué comme étant le roman de Khosrev et Shirin, que Khosrev Dehlévi écrivit à l'imitation de celui qui avait été composé par Nizami.

Assez bon nestalik indien copié par Nedjm ed-Din Ahmed vers le milieu du xviiie siècle. 114 feuillets. 25 sur 15 centimètres. Reliure en demi-parchemin.

Supplément persan 1713.

Divan de Hafiz-i Shirazi.

Assez bon talik persan vraisemblablement du xviie siècle. 167 feuillets. 18 sur 11 centimètres. Reliure boukhare en papier carton vert.

Supplément persan 1714.

Le même ouvrage.

Assez bon nestalik du xviie siècle avec des parties ajoutées dans la Transoxiane dans la seconde moitié du xixe siècle. 81 feuillets. 18 sur 12 centimètres. Reliure en demi-parchemin.

Supplément persan 1715.

Le même ouvrage.

Écriture nestalik passable copiée dans la Transoxiane vers le milieu du xixe siècle. 110 feuillets. 24 sur 14 centimètres. Reliure boukhare.

Supplément persan 1716.

Le même ouvrage.

Écriture nestalik passable copiée dans la Transoxiane vers le milieu du XIXᵉ siècle. 115 feuillets. 23 sur 13 centimètres. Reliure boukhare.

Supplément persan 1717.

Le divan de Hafiz suivi du commencement du ليلى‌ومجنون de Hatifi, le tout sans titre ni nom d'auteur, ni rubriques.

Écritures nestalik médiocres copiées dans la Transoxiane dans la seconde moitié du XIXᵉ siècle. 115 feuillets. 25 sur 15 centimètres.

Reliure boukhare en papier jaune.

Supplément persan 1718.

ديوان‌كليم. Divan du poète persan Kélim.

Kélim, dont le véritable nom était Abou Talib Hamadhani, quitta la Perse pour se rendre dans l'Indoustan après avoir fait ses études à Shiraz; il devint le poète lauréat de la cour de l'empereur Shah-Djihan et mourut en 1062 de l'hégire.

Le présent exemplaire est incomplet du commencement et de la fin et ne porte aucune indication de titre ou de nom d'auteur.

Écritures de diverses mains, nestalik et shikesté-amiz de la fin du XVIIIᵉ siècle. 155 feuillets. 21 sur 11 centimètres. Cartonnage.

Supplément persan 1719.

Divan de Fighani.

Ce volume, qui est incomplet du commencement et de la fin, ne porte aucun titre.

Mauvais nestalik copié dans la Transoxiane dans la seconde moitié du XIXᵉ siècle. 79 feuillets. 22 sur 12 centimètres. Reliure boukhare en papier vert.

Supplément persan 1720.

Le roman de Yousouf et Zouleïkha, en vers mesnévis, par Molla Nazim, fils de Shah Riza Sebzévari (voir Rieu, II, 692), sans titre ni nom d'auteur.

Nestalik médiocre copié dans la Transoxiane à la fin du xviiie siècle par Mohammed Fadil ibn Ibrahim Baï. 213 feuillets. 19 sur 12 centimètres. Reliure en demi-parchemin.

Supplément persan 1721.

Le même ouvrage, également sans titre ni nom d'auteur.

Nestalik médiocre copié dans la Transoxiane vers le milieu du xixe siècle. 209 feuillets. 19 sur 13 centimètres. Reliure boukhare recouverte de papier vert.

Supplément persan 1722.

Fragment, sans commencement ni fin, du divan du poète persan Saïb.

Écriture nestalik médiocre vraisemblablement copiée dans la Transoxiane au milieu du xixe siècle. 115 feuillets. 17 sur 10 centimètres. Reliure en peau brune.

Supplément persan 1723.

Divan du poète soufi Imla (xiie siècle de l'hégire) ; sur ce personnage. voir le *Catalogue of persian manuscripts* de Rieu, page 714.

Nestalik médiocre copié dans la Transoxiane, vraisemblablement dans la seconde moitié du xixe siècle. 144 feuillets. 26 sur 15 centimètres. Reliure boukhare.

Supplément persan 1724.

Le même ouvrage.

Exemplaire incomplet du commencement et de la fin.

Nestalik passable copié dans la Transoxiane, vraisemblablement vers la moitié du xixe siècle. 132 feuillets. 18 sur 12 centimètres. Reliure boukhare.

Supplément persan 1725.

Le même ouvrage.
Nestalik très médiocre copié dans la seconde moitié du XIXe siècle.
129 feuillets. 26 sur 15 centimètres. Reliure boukhare.

Supplément persan 1726.

Le même ouvrage, incomplet du commencement.
Nestalik passable copié dans la Transoxiane en 1274 de l'hégire (1857 de J.-C.). 110 feuillets. 27 sur 15 centimètres. Reliure en demi-parchemin.

Supplément persan 1727.

Le divan de Mirza Abd el-Kader Bidil, le plus grand poète indien du XVIIIe siècle.
Exemplaire incomplet s'arrêtant au cours du *mim*.
Nestalik indien médiocre du commencement du XIXe siècle. 240 feuil-lets. 22 sur 14 centimètres. Reliure orientale en cuir brun.

Supplément persan 1728.

Fragment des poésies de Mirza Bidil, suivi d'un exemplaire, incom-plet du commencement, du *Yousouf u Zouleïkha* de Nour ed-Din Abd er-Rahman Djami.
Écritures médiocres, la première shikesté, la seconde nestalik copiée à Boukhara en 1268 de l'hég. (1851 de J.-C.) par Molla Abd el-Hakim.... Djouïbari. 160 feuillets. 25 sur 14 centimètres. Reliure boukhare recouverte de papier vert.

Supplément persan 1729.

فتح نامه. Récit en vers persans de la guerre qui fut soutenue par les Afghans Abdalis d'Ahmed Shah contre les empereurs mongols de l'Indoustan. Ce livre dont l'auteur ne se nomme pas, et qui semble très rare, a été composé en l'année 1161 de l'hégire.

Bon nestalik indien de la seconde moitié du xviiie siècle. 53 feuillets. 22 sur 14 centimètres. Reliure en demi-parchemin.

Supplément persan 1730.

ليلى ومجنون. Mesnévi sur les amours de Leïla et Medjnoun, sans titre ni nom d'auteur.

D'après ce qui est dit tout à fait à la fin du poème :

اين نامه نام بخش نامى   چون يافت بدست من تمامى

كردند ندا ازين كهن دير   احسنت احسنت تم بالخير

ce *Leïla u Medjnoun* fut terminé en l'année 1253 de l'hégire.

Nestalik cursif copié dans une ville de la Transoxiane dans la seconde moitié du xixe siècle. 65 feuillets. 21 sur 14 centimètres. Reliure boukhare recouverte de papier vert et rouge.

Supplément persan 1731.

Fragment de la rédaction en prose du Livre des Rois de Firdousi écrite au commencement du xviie siècle par Tévekkoul-Beg, fils de Tulek-Beg, à la demande de Mohammed Héyat, surnommé Shemshir Khan Tarin qui entra au service de l'empereur Shah-Djihan la première année de son avènement. Cet ouvrage est nommé منتخب شاهنامه ou تاريخ شمشيرخانى.

Le présent exemplaire est incomplet du commencement et de la fin.

Shikesté indien médiocre du xviiie siècle. 172 feuillets. 20 sur 12 centimètres. Reliure en cuir brun.

Supplément persan 1732.

Traité en vers persans sur l'ascension du Prophète au ciel par 'Ami Isfahani précédé d'une *kasida* traitant du même sujet.

Nestalik cursif copié par un certain Sevyid Djaafer Khonsari en 1282

de l'hégire (1865 de J.-C.). 62 feuillets. 16 sur 9 centimètres. Reliure
en peau souple.

Supplément persan 1733.

Divan d'un poète nommé Ali, qui est probablement indien, mais qui
n'est certainement pas persan.

Talik indien cursif tendant au shikesté. 87 feuillets. 18 sur 11 centimètres. Reliure en demi-parchemin.

Supplément persan 1734.

Album comprenant un fragment, sans commencement ni fin, d'un
recueil de vers mystiques en persan et en turc ; des conseils sur les
adabs donnés par un Soufi à son fils, un traité de mysticisme en vers
persans, copiés en diagonale dans les pages, suivi de fragments mystiques en persan.

Assez bon nestalik persan du xviiie siècle. 55 feuillets. 27 sur 16 centimètres. Reliure en demi-parchemin.

Supplément persan 1735.

Album contenant des extraits des poésies de Mirza Bidil, Nazim,
Shevket, Névaï, Djami, Nishati, les conditions de validité de la prière.

Bon nestalik persan du xviiie siècle. 40 feuillets. 21 sur 6 centimètres.
Demi-reliure.

Supplément persan 1736.

Recueil d'opuscules et de fragments de plusieurs traités, le مهمات
المسلمين sur les points essentiels de la doctrine musulmane en persan ;
des fragments en vers mesnévis, écrits en turk oriental, dont l'un provient d'un *Miradj-namè*; un fragment sur la grammaire arabe en
turk oriental ; un traité en persan sans titre ni nom d'auteur sur la
création du monde et des existences qui le peuplent et sur différentes
questions théologiques ; un mesnévi persan sur les points essentiels
de l'Islamisme; un traité persan sans titre ni nom d'auteur sur toutes
sortes de points de théologie et de jurisprudence constitué par des

réponses à des questions supposées; un mesnévi persan sans titre ni nom d'auteur sur les qualités que doit réunir celui qui veut embrasser la vie mystique.

Nestalik du xviie et pour la plus grande partie du xixe siècle, copiés dans la Transoxiane. 202 feuillets. 23 sur 14 centimètres. Reliure boukhare.

Supplément persan 1737.

Recueil de fragments de traités persans.

1º Un feuillet du كتاب غاية البيان فى شرح زبد بن رسلان par Shems ed-Din Mohammed ibn Ahmed ibn Hamza ibn Mohammed ibn Ali el-Shaféï.

2º Le commencement du divan de Mir Ali ‚Shir Névaï, sans titre, ni nom d'auteur.

3º (?) حكايت پادشاههى عادل خان ملقب حِهار. Histoire en prose persane d'un ancien souverain du Khorasan, nommé Adil-Khan, qui était renommé pour sa justice; cette histoire est incomplète de la fin, elle est suivie de fragments divers, en particulier d'un fragment en turk oriental dans lequel se trouve raconté un épisode de la vie de Mahomet.

4º Commencement d'un traité de mysticisme en langue persane, sans titre ni nom d'auteur, dans lequel se trouve citée l'autorité de Khadjè Mohammed Parsa.

5º Fragment du divan de Hafiz et autres fragments.

6º Traité de pronostics et de prédictions en mesnévis persans rangés en séries qui sont chacune sous la domination d'un des prophètes ou des saints de l'Islamisme, incomplet de la préface et de la fin.

7º Un fragment des شواهد النبوة de Nour ed-Din Abd er Rahman el-Djami.

8º Fragment d'un commentaire en arabe sur la *Kafiya* d'Ibn el-Hadjib, suivi d'un feuillet d'un mesnévi en turk oriental et d'un fragment d'une lettre en persan de Nizam ed-Din Mohammed et d'extraits de poésies.

9º Traité en vers persans sur les *ibàdàt*, incomplet de la fin.

Écritures nestalik, médiocres pour la plupart, copiées dans la Transoxiane au xixe siècle. 134 feuillets. 25 sur 15 centimètres. Reliure boukhare en carton vert.

Supplément turc 1263.

1º Petit traité en turc osmanli sur les عبادات sans titre ni nom d'auteur rédigé sous forme de demandes et de réponses ; il a été composé sous le règne de Sultan Soleïman, fils de Sultan Sélim, d'après des sources dont l'énumération est donnée dans la préface. Cet opuscule se termine par des prières en arabe.

2º Petit traité également en turc osmanli sur les عبادات sans titre ni nom d'auteur ; la copie est datée de 1131 (1718 de J.-C.).

3º كتاب أسماء الحسنى. Explication des 99 noms d'Allah, en turc osmanli, sans titre ni nom d'auteur.

Bonne écriture turque de 1131 (1718 de J.-C.). 33 feuillets. 22 sur 14 centimètres. Reliure en demi-parchemin.

Supplément turc 1264.

Divan de Fouzouli.

Exemplaire incomplet d'un ou deux feuillets de la fin.

Nestalik médiocre copié dans la Transoxiane dans la seconde moitié du XIXᵉ siècle. 102 feuillets. 24 sur 14 centimètres. Reliure en demi-parchemin.

Supplément turc 1265.

كتاب مولود نامه شريف. Traité en vers turc-osmanlis en l'honneur du prophète Mahomet, plus connu dans l'empire ottoman sous le titre de مولود النبي, par Soleïman Tchélébi de Brousse, suivi d'extraits divers parmi lesquels une prière en arabe, le commencement d'une autre récension du *Merloud nâmè*, des prières en turc et en arabe. Soleïman Tchélébi, originaire de la ville de Brousse, fut imâm du divan de Sultan Bayézid Khan Iᵉʳ et, après la mort de ce sultan, il remplit les mêmes fonctions à Brousse.

Assez bonne écriture turque datée de 1228 de l'hégire (1813 de J.-C.) et autres écritures de mains médiocres et plus modernes. 70 feuillets. 23 sur 17 centimètres. Reliure en cuir brun estampé.

Supplément turc 1266.

Recueil de traités en arabe, en turk oriental et en persan.

1° Traité en arabe par Keïdani sur les cinq *ahkam*, sans titre ni nom d'auteur, voir Arabe 6344.

2° Commentaire en persan, sans titre ni nom d'auteur, ni indication d'aucun genre, sur ce même traité arabe de Keïdani; la copie porte la date de 1255 de l'hégire.

3° Traité élémentaire en turk oriental, sur les *ibâdât*, sans titre ni nom d'auteur.

4° Opuscule en turk oriental, sans titre ni nom d'auteur, sur les conditions de validité du mariage, qui sont au nombre de dix, et sur d'autres questions concernant la jurisprudence du mariage.

5° Traité par un certain Naurouz sur le mariage et sur d'autres questions d'*ibâdât* également en turk oriental.

6° كتاب حيرة الفقها. Traité en turk oriental traduit du persan par un auteur anonyme sur des questions de théologie et de jurisprudence. Une partie de ce traité est rédigée sous forme de réponses à des questions ; d'après l'introduction, le traité persan sur lequel ce traité a été traduit a lui-même été traduit de l'arabe ; ce traité est suivi d'un opuscule en turk oriental sur plusieurs questions analogues, en particulier la pureté de l'eau, la chronologie antéislamique.

Nestalik médiocre et cursif copié dans la Transoxiane en 1255 de l'hégire (1839 de J.-C.). 162 feuillets. 20 sur 13 centimètres. Reliure en demi-parchemin.

APPENDICE

Les quelques manuscrits dont la description est contenue dans les pages suivantes ont été acquis en février 1909; la plupart d'entre eux faisaient primitivement partie de la collection précédente qui fut apportée de Samarkand et de Boukhara en 1904 et qui fut acquise par M. Decourdemanche en 1908, bien après que plusieurs des volumes qui la composaient en eurent été vendus par la personne pour le compte de laquelle elle avait été formée. Trois de ces livres furent acquis par la Bibliothèque Nationale en avril 1905, d'eux d'entre eux étaient des recueils de poésies en turk-oriental très modernes et fort médiocrement écrits, le troisième, un très bel exemplaire, très ancien de la *Mokaddimet el-adab* de Zamakhshari, dans lequel se trouvent des gloses en turk-oriental, extrêmement importantes à cause de leur antiquité. On trouvera la description de ce livre dans le second volume du Catalogue des manuscrits persans de la Bibliothèque Nationale, qui, suivant toutes les vraisemblances, paraîtra dans le courant de l'année prochaine. Les autres manuscrits qui ne font pas partie de cette collection formée à Samarkand, proviennent de Baghdad, probablement d'un fonds de biblio thèque de quelque médrésè.

Arabe 6403.

Le deuxième volume d'un exemplaire du commentaire du Koran intitulé أنوار التنزيل واسرار التاويل. par le kadi Nasir ed-Din Omar el-Beïdhavi el-Shirazi; les marges de cet exemplaire sont couvertes de gloses et une table des matières s'y trouve préfixée.

Bon neskhi, probablement du xviiᵉ siècle. 273 feuillets. 20 sur 18 centimètres. Reliure boukhare en cuir signée Mohammed Alim ibn Molla Mohammed Taki.

Arabe 6404.

كتاب المفاتيح فى حل المصابيح. Commentaire par Mouzahhar ed-Din el-Hoseïn ibn Mahmoud ibn el-Hasan el-Zeïdani sur le grand recueil de traditions musulmanes écrit en arabe par Hoseïn ibn Masoud ibn

Ferra el-Baghavi el-Shaféï sous le titre de مصابيح السنة († 516 de l'hégire); ce commentaire est cité par Hadji-Khalifa (tome V, page 566) au milieu d'un grand nombre d'autres: de Shihab ed-Din Fadl Allah ibn Hoseïn el-Torapoushti († 658); Nasir ed-Din el-Beïdhavi († 685); Shems ed-Din Mohammed ibn Mozaffer el-Khalkhali († 745); Shems ed-Din Mohammed ibn Mohammed el-Djézéri († 833); Kara Yakoub ibn Idris el-Roumi († 833); Mohammed ibn Mohammed el-Wasiti el-Baghdadi († 797); Ala ed-Din Ali ibn Mohammed, surnommé Mousannifek († 875); Kotb ed-Din Mohammed el-Izniki († 884); Shems ed-Din Ahmed ibn Soleïman, surnommé Ibn Kémal-Pacha († 940). Exemplaire incomplet.

Beau neskhi du commencement du XVᵉ siècle. 28,5 sur 22 centimètres. Reliure en demi-chagrin.

Arabe 6405.

Deuxième partie, comprenant les معاملات, d'un traité de jurisprudence arabe qui est indiqué comme étant la كفاية, commentaire de la الهداية فى الفروع du sheïkh el-Islam Borhan ed-Din Ali ibn Abi Bekr el-Marghinani el-Hanéfi († 593).

D'après Hadji-Khalifa (tome VI, page 483), l'auteur de la *Kifayet* est Mahmoud ibn Obeïd Allah ibn Mahmoud Tadj el-Shéria, l'auteur de la *Vikayet el-rivaïet*.

Neskhi très cursif et presque sans points diacritiques vraisemblablement de la fin du XVIᵉ siècle. 246 feuillets. 25,5 sur 19 centimètres. Reliure boukhare en cuir brun, signée Khadjè Aboul-Hasan.

Arabe 6406.

صدر الشريعة. Commentaire par Obeïd Allah ibn Masoud ibn Tadj el-Shéria sur les passages difficiles de la وقاية الرواية فى مسائل الهداية traité de jurisprudence hanéfite par le grand-père de l'auteur, Borhan el-Shéria Mahmoud ibn Sadr el-Shéria.

Bon neskhi copié dans la Transoxiane en 970 de l'hégire (1562 de J.-C.). 292 feuillets. 23 sur 14 centimètres. Reliure boukhare signée de Molla Mohammed Ghaïbi.

Arabe 6407.

حاوى مسايل الواقعات والمنية وما تركب فى تدوينه من مسايل القنية
وزدت فيه من الفتاوى لتتميم الغنية. Traité de jurisprudence hanéfite
par Abour-Ridja Mokhtar ibn Mahmoud Nedjm ed-Din el-Zahidi (658
de l'hégire), comprenant les questions qui se trouvent dans les *Vaki'at*,
le *Mouniet*, et des additions destinées à combler les lacunes du *Kouniet* qui était un complément du *Ghouniet*. Ce titre est rapporté par
Hadji-Khalifa d'une façon aussi inexacte que possible, ce dont l'éditeur
ne s'est point aperçu. Le المنية dont il est ici question est le traité de
droit intitulé منية الفقها par Fakhr ed-Din Bédi ibn Abou Mansour el-
Arabi (Hadji-Khalifa, VI, 226 et IV, 572, el-Iraki) et dont Abour-Ridja
parle en termes très élogieux dans sa préface. (cf. Hadji-Khalifa, VI,
page 226); cet ouvrage est extrêmement considérable et son auteur y
a fait figurer des choses qu'on ne trouve pas ailleurs; Abour-Ridja
Mokhtar ibn Mahmoud Nedjm ed-Din el-Zahidi, qui fut le disciple de
Fakhr ed-Din Bédi, en tira le قنية (Hadji-Khalifa, VI, 226 et IV, 572)
dont le véritable titre est قنية المنية لتتميم الغنية. L'auteur a donné dans
sa préface la liste des sigles par lesquelles il désigne les divers ouvrages
auxquels il a emprunté ses renseignements.

Assez bon neskhi copié en 1118 de l'hégire (1706 de J.-C.). 312 feuillets. 21 sur 14 centimètres. Cartonnage.

Arabe 6408.

كنز الدقايق. Traité de jurisprudence hanéfite par Aboul Bérékat
Abd Allah ibn Mahmoud el-Néséfi.

La copie de ce traité dont les lignes sont extrêmement espacées est
accompagnée de nombreuses gloses, tant en arabe qu'en persan, dont
quelques-unes ont été rédigées par un auteur parfaitement ignare, tel
celui qui a écrit عبارة عن المغرب الصين اسم بلد يكون من الصين
جانب المغرب القوله عليه السلام اطلبو العلم ولو بالصين. On y trouve cités
معدن,le ايضاح,le مستخلص, commentaires du كنز الدقايق,le رمز le
تلخيص المفتاح, Tatar-Khan, Birdjendi.

Bon neskhi copié dans la Transoxiane en 1114 de l'hégire (1702 de J.-C.) par un certain Tébib-i Kashani. 279 feuillets. 22 sur 16 centimètres. Reliure en peau noire.

Arabe 6409.

رمز الحقايق فى شرح كنز الدقايق. Commentaire par Bedr ed-Din Mahmoud Mohammed ibn Ahmed el-Aïni († 855 de l'hégire) du كنز الدقايق, traité de jurisprudence hanéfite par Aboul-Bérékat Abd Allah ibn Ahmed el-Néséfi.

Le présent exemplaire, qui ne porte aucune indication de titre ni de nom d'auteur, ne comprend que le commencement du second volume dans lequel il est question des معاملات. L'auteur du *Kenz el-dékaïk.* qui est généralement connu sous le nom de Hafiz ed-Din el-Néséfi, est mort en 710; ce traité de droit a été l'objet de nombreux commentaires : celui de Fakhr ed-Din Abou Mohammed Osman ibn Ali el-Zeïla'i († 743) qui porte le titre de تبيين الحقايق لما فيه اكتنز من الدقايق et qui fut abrégé par un certain Ahmed ibn Mahmoud; celui de Mohyi ed-Din Ahmed el-Kharizmi, qui lui laissa le nom de كنز الدقايق; d'autres commentaires furent écrits par el-Khattab Ibn Abil-Kasem el-Karahisari (†730), par Kivam ed-Din Aboul-Foutouh ibn Ibrahim el-Kirmani († au Caire en 748), par Izz ed-Din Yousouf ibn Mahmoud el-Razi el-Tehrani (en 773), par Radi ed-Din Abou Hamid... el-Mekki († 858), par Zeïn ed-Din Abd er-Rahim ibn Mahmoud el-Aïni († 864), par un certain Shokr-Allah sur lequel Hadji-Khalifa ne donne aucun détail, par Moïn ed-Din el-Hérévi, surnommé Meskin, par le kadi Abd el-Berr ibn Mohammed, plus connu sous le nom d'Ibn el-Shihna el-Halébi († 921), par Kotb ed-Din Abou Abd Allah Mohammed ibn Mohammed ibn Omar el-Salihi el-Dimeshki († 950), par Zeïn el-Abidin ibn Noudjeïm el-Misri († 970), le البحر الرائق فى شرح كنز الدقايق, qui resta inachevé, par Ali ibn Mohammed el-Mokaddési, surnommé Ibn el-Ghanem († 1004), qui critique assez vertement Ibn Noudjeïm et qui ne termina pas son commentaire, par Moustafa ibn Bali, plus connu sous le surnom persan de Balizadèh, il le composa quand il était professeur dans l'un des collèges de Constantinople et le termina en 1036 à 'Orfa sous le titre de الفرائد فى حل المسائل والقواعد, qui est moins connu que celui de راد‌خانية, qui lui est généralemement appliqué.

Neskhi passable du xviiie siècle. 33 sur 23 centimètres. Cartonnage.

Arabe 6410.

تلويج الى كشف حقايق التنقيح. Commentaire par Saad ed-Din Masoud ibn Omar el-Taftazani sur le تنقيح الاصول, traité des principes de la jurisprudence hanéfite, écrit par le kadi Sadr el-Shéria Obeïd Allah ibn Masoud el-Mahboubi el-Hanéfi († 747 de l'hégire).

Un des élèves de Sadr el-Shéria eut l'audace de publier le *Tenkih el-ousoul* de son maître sur son brouillon avant qu'il n'y ait mis la dernière main, de telle sorte que cette édition contenait des fautes et des imperfections, aussi Sadr el-Shéria en publia un commentaire excellent auquel il donna le titre de التوضيح فى حل غوامض التنقيح, mais ce commentaire, pouvant, par sa valeur, être considéré comme un ouvrage original, devint lui-même l'objet de nouveaux commentaires dont le premier et le plus important est celui qui fut écrit par Saad ed-Din Masoud ibn Omar el-Taftazani el-Shafeï († 792), qui est un commentaire par قول, sous le titre de *Talwih ila keshf hakaïk el-tenkih.*

Les bibliographes musulmans nomment شرح ممزوج un commentaire dans lequel le texte original surligné est compris dans un nouveau texte qui l'éclaire, mais qui ne s'en distingue pas d'une façon absolue, la pensée de l'auteur étant continuée et développée par celle du commentateur ; les commentaires غير ممزوج sont ceux dans lesquels le texte original est introduit par قال et le commentaire par اقول, ou bien dans lesquels le texte original est indiqué par قوله sans que le commentaire en soit formellement distingué ; ce genre de commentaire se rapproche de celui des gloses حاشية.

Écriture assez médiocre ressemblant à une sorte de talik avec des formes de shikesté du xviiie siècle. 204 feuillets. 27 sur 16 cm. 5. Reliure boukhare.

Arabe 6411.

ملتقى الابحر. Précis de jurisprudence hanéfite par Ibrahim ibn Mohammed ibn Ibrahim el-Halébi († 956 de l'hégire).

L'auteur raconte, dans sa très courte préface et dans l'appendice du *Moultéka el-abhor* qu'il entreprit la rédaction de ce précis de jurisprudence à la demande d'un de ses élèves qui désirait posséder un livre dans lequel se trouverait résumée l'essence des traités les plus autorisés tels que le *Moktéser* de Kodouri, le *el-Mokhtar*, le *el-Kenz*, la *el-Vikaya*. Il y ajouta toute une série de questions extraites du *Medjma el-bahreïn* et aussi de la *Hidaya*. Ce travail, qui est un manuel sans originalité, fut terminé en 923 de l'hégire; il est très répandu et célèbre chez les Hanéfites; il a été souvent commenté, par el-Hadjdj Ali el-Halébi, élève de l'auteur, et peut-être celui à la demande duquel fut composé le *Moultéka el-abhor* († 967), par un sheïkh de Damas, Mohammed ibn Mohammed el-Behnési († 987); par le sheïkh Nour ed-Din Ali el-Bakani el-Kadiri, qui fut le disciple de Mohammed el-Behnési († 987), qui le composa de 990 à 995, et qui lui donna le titre de مجرى الأنهر على ملتقى الأبحر ; par le sheïkh Ala ed-Din ibn Nasir ed-Din, qui fut imam de la grande mosquée des Omeyyades de Damas et dont Hadji-Khalifa ignorait la date de la mort, ce commentaire était intitulé سكب الأنهر على فرائض ملتقى الأبحر, et son auteur le termina en 990 de l'hégire ; par Maula Mohammed el-Tirévi, connu sous le nom de 'Aïshi († 1016); par Ismaïl Efendi el-Sivasi († 1048, en 4 tomes; par Shah Mohammed ibn Ahmed ibn Abous-Sooud el-Siddiki el-Hanéfi el-Monastéri sous le titre de منتهى الأنهر في شرح ملتقى الأبحر en 1052, par le Roumili-Kazi-Asker قاضى القضاة بالعسا كر ال و مية Abd er-Rahman ibn Mohammed ibn Soleïman, surnommé Sheïkhizadè, en 1078, sous le titre de مجمع الانهر في شرح ملتقى الأبحر, ce commentaire fut terminé en 1077, etc.

Bon neskhi copié en 1040 de l'hégire 1630 de J.-C.). 209 feuillets. 18 sur 10 centimètres. Reliure en cuir rouge.

Arabe 6412.

Commentaire par Djélal ed-Din Mohammed ibn As'ad el-Siddiki el-Davani sur les العقايد العضد ية d'Adhod ed-Din Abd er-Rahman ibn Ahmed el-Idji † 756 de l'hégire .

D'après une note qui se trouve tout à fait à la fin de la copie, le commentaire de Davani aurait été terminé en 555 de l'hégire; dans le

Keshf el-zounoun, tome IV, page 217, Hadji-Khalifa indique la date de 905. Adhod ed-Din el-Idji est mort en 756 de l'hégire.

Bon neskhi copié dans la Transoxiane probablement dans la première moitié du XIXe siècle par un certain Daulet Mohammed ibn Khadjè Gueulmirzaï Goulabi. 296 feuillets. 24 sur 14 centimètres. Reliure boukhare en cuir rouge signée Molla Mohammed Hakim.

Arabe 6413.

Le même ouvrage.

Bon nestalik copié dans la Transoxiane vers la moitié du XIXe siècle. 181 feuillets. 25 sur 15 centimètres. Reliure boukhare.

Arabe 6414.

تتمة الحواشى فى از الة الغواشى. Gloses par Molla Yousouf ibn Mohammed Khan el-Karabaghi el-Mohammed-Shahi († vers 1030 de l'hég. d'après H. Khalifa) sur le commentaire par Djélal ed-Din Mohammed ibn As'ad el-Siddiki el-Davani des العقايد العضدية d'Adhod ed-Din Abder-Rahman ibn Ahmed el-Idji (voir plus haut). D'après Hadji-Khalifa (tome IV, page 217), Molla Yousouf el-Karabaghi est mort à une date postérieure à 1030 de l'hégire, mais il faut corriger en 1033, et d'après la préface du *Tétimmet el-havashi*, il faut même certainement corriger 1030 en 1034.

Bon neskhi copié dans la Transoxiane, vraisemblablement dans la seconde moitié du XVIIe siècle. 23 sur 13 centimètres. Reliure boukhare recouverte de papier vert.

Arabe 6415.

كتاب شرح منية المصلى. Commentaire par Ibrahim ibn Mohammed ibn Ibrahim el-Halébi du منية المصلى و غنية المبتدى, traité sur la prière par Sédid ed-Din el-Kashghari.

Ibrahim ibn Mohammed ibn Ibrahim el-Halébi († 956) dit dans sa préface qu'il avait composé un commentaire fort étendu du *Mouniet el-mousalli*, intitulé غنية المستملى (voir n° suivant) et qu'il l'abrégea ensuite pour qu'il soit d'une lecture plus aisée pour les débutants (Hadji-Khalifa. *Dict. bibl.*, tome VI, p. 228). Un commentaire plus étendu comprenant deux gros volumes avait été composé à une date antérieure par Mohammed ibn Mohammed ibn Mohammed, connu sous le nom de Ibn Émir Hadjdj Halébi (†879) sous le titre de حلية المجلى و بغية المهتدى

في شرح منية المصلى و غنية المبتدى (Arabe 1147-1148 et Hadji-Khalifa, *ibid.*, p. 227). L'auteur du *Keshf el-zounoun* indique deux autres commentaires du *Mouniet el-mousalli*, un moins considérable que ce dernier et qui fut composé en 1075 par Omar ibn Soleïman et un autre qui a pour auteur Kara Yahya Saroukhani.

Assez bon neskhi copié en Djoumada premier 1117 de l'hégire (1705 de J.-C.) par le fakih Mohammed Hoseïn el-Djidavi. 129 feuillets. 20 sur 14 centimètres. Reliure orientale en cuir.

Arabe 6416.

غنية في شرح منية المصلى. Commentaire sans nom d'auteur sur le

منية المصلى و غنية المبتدى, traité sur la prière par Sédid ed-Din el-Kashghari.

Ce commentaire, dont le titre complet est... غنية المستملي في, comme on le voit par Hadji-Khalifa (*Dict. bibl.*, tome VI, p. 228) et par la préface du n° 6415, est l'œuvre d'Ibrahim ibn Mohammed ibn Ibrahim el-Halébi († 956) qui en a fait ensuite un abrégé plus facile à étudier. Le titre de غنية المستملي est préférable à celui de غنية المتملي qui a été adopté par le rédacteur du *Catalogue des manuscrits arabes*, n°s 1149 et ssq. Cet exemplaire est précédé d'une table des matières renvoyant à la pagination orientale du manuscrit.

Neskhi passable copié dans le Turkestan, vraisemblablement à la fin du xviii° siècle. 511 feuillets. 23,5 sur 17 centimètres. Reliure boukhare en cuir.

Arabe 6417.

نجاة العباد في يوم المعاد. 1° Traité par Mohammed Hasan ibn el-Sheïkh Bakir sur la pureté et la prière, rédigé, suivant ce que dit l'auteur dans son introduction, à la demande de plusieurs personnes qui désiraient posséder un livre élémentaire sur ces questions de jurisprudence.

2° Traité sans titre sur les conditions du jeûne par le même Mohammed Hasan ibn el-Sheïkh Bakir ; cet opuscule, d'après ce qui est dit dans son introduction, a été composé pour répondre au désir de plusieurs soufis اخوان amis de l'auteur.

Bon nestalik cursif; le second traité est daté de l'année 1257 de l'hégire (1841 de J.-C.); la copie du premier, qui n'est point datée, est signée Ali ibn Mohammed el-Mérizi (?) et ces deux traités semblent de la même main. 86 feuillets. 21,5 sur 14 centimètres. Reliure en cuir noir souple.

Arabe 6418.

مغنى اللبيب. Traité de grammaire arabe, dans le présent exemplaire, sans titre, ni nom d'auteur, par le sheïkh Djémal ed-Din Abou Mohammed Abd Allah ibn Yousouf, plus généralement connu sous le nom d'Ibn Hisham (+ 762 de l'hégire).

L'auteur de ce célèbre traité de grammaire, d'une composition et d'une science parfaites, rapporte dans sa préface qu'il composa à la Mecque, en l'année 749, un livre sur l'*irâb* qui se perdit ainsi que d'autres de ses compositions lorsqu'il s'en revint en Égypte. Il retourna à la Mecque en l'année 756 et, encouragé par la faveur que le public avait témoignée à un de ses opuscules intitulé الاعراب عن قواعد الاعراب, il se remit à l'œuvre : le résultat de ce travail fut le *Moghni el-lébib* (cf. Hadji-Khalifa, *Dict. bibl.*, tome V, p. 655); le *Moghni* est divisé en 8 chapitres dont le détail est donné dans la préface et d'une façon plus abrégée dans le *Keshf el-çounoun*.

L'auteur, abandonnant la division traditionnelle des grammaires antérieures, et même celle du قطر الندا, introduisit dans l'étude de la grammaire des distinctions qui sont réelles, mais auxquelles ses prédécesseurs n'avaient pas prêté d'attention spéciale, et il étudia surtout les particularités de la langue arabe. C'est un livre qu'on ne peut étudier sans une préparation spéciale qui consiste dans la lecture des grammaires plus simples, telle la *Kafiya*, et de leurs commentaires, car elles sont écrites dans un style si concis qu'elles en sont très difficilement compréhensibles.

Le *Moghni* jouit dans tout l'Islamisme d'une réputation bien méritée, il ne le cède guère, au point de vue scientifique, qu'à la grammaire de Sibawayyih, et il a été l'objet d'un grand nombre de commentaires. Ibn Hisham lui-même composa deux commentaires, un grand et un petit, sur les vers qui y sont cités comme exemples شواهد. Un commentaire de l'ouvrage complet fut publié par le sheïkh Taki ed-Din Aboul Abbas Ahmed ibn Mohammed el-Shéméni (+ 872 de l'hég.) sous le titre de المنصف من الكلام على مغنى ابن هشام : cet auteur

6

cite dans sa préface un traité de Shems ed-Din Mohammed ibn el-Saïgh el-Hanéfi intitulé تنزيه السلف عن تمويه الخلف dans lequel il était question du *Moghni*, les annotations تعليق d'un auteur égyptien, Bedr ed-Din Mohammed ibn Abi-Bekr el-Démamini et son commentaire qu'il publia plus tard aux Indes sous le titre de تحفة الغريب الى مغنى اللبيب. Taki ed-Din avait répondu dans ses cours aux objections et aux difficultés qui étaient soulevées, assez à tort, à ce qu'il semble, par Bedr ed-Din, et un de ses amis lui demanda de les rédiger et de donner en même temps un commentaire des exemples qui sont invoqués par Ibn Hisham; le résultat de ce travail fut le *el-Monsif*.

Le sheïkh Mohammed ibn Abi-Bekr el-Démamini, dont il vient d'être question, mourut en 828, et il écrivit deux commentaires sur le *Moghni*, le premier en Égypte, d'une étendue restreinte, par قال اقول, dans lequel l'auteur du *el-Monsif*, voit des annotations تعليق plutôt qu'un vrai commentaire, le second, aux Indes, en 818, plus étendu, également par قال اقول, qui est mentionné par le kadi el-Barizi, inspecteur de l'Office du Protocole ديوان الانشا au Caire. Postérieurement à cette date, el-Démamini écrivit un troisième commentaire « mêlé » qu'il ne termina malheureusement pas, sans quoi, au dire de Hadji-Khalifa, il eût été de beaucoup le meilleur de tous ceux qui existent. Abou Bashir Shems ed-Din Mohammed Ibn Imad el-Malaki († 844) composa du *Moghni*, sous le titre de كافى المغنى, un commentaire en trois tomes. Le célèbre polygraphe Djélal ed-Din Abd er-Rahman ibn Abi Bekr el-Soyouti († 911) a écrit un commentaire des exemples du *Moghni* avec des notices biographiques sur les poètes auxquels ils ont été empruntés et dont il existe un exemplaire malheureusement incomplet dans le fonds arabe, sous le n° 4158. Soyouti, en plus de cet important ouvrage, a composé d'autres commentaires sur le texte du *Moghni*, le تحفة الغريب فى الكلام على مغنى اللبيب le الفتح القريب فى حواشى مغنى اللبيب qui est des gloses sur le texte du *Moghni*, le تحفة الحبيب بنجاة مغنى اللبيب. Parmi les ouvrages dont le *Moghni* a été l'objet, Hadji-Khalifa cite une rédaction en vers d'Aboul Nédja ibn Khélef el-Misri, qui vécut dans la seconde

moitié du ixᵉ siècle. Mohammed ibn Abd el-Médjid el-Samouli el-Shaféï
el-Sooudi a rédigé en 961 sous le titre de ديوان الاديب فى مختصر
مغنى اللبيب un abrégé du *Moghni*; un autre abrégé du *Moghni* par
un auteur qui n'est point connu porte le titre de قراضة الذهب فى
علمى النحو والادب.

Le présent exemplaire est précédé d'une table analytique d'une main
contemporaine. Bon neskhi copié par un certain Mohammed ibn
'Aoudh en Zilkaada 1058 (1648 de J.-C.). 245 feuillets. 20 sur 14 centimètres. Reliure en cuir brun.

Arabe 6419.

Gloses par Isam ed-Din Ibrahim ibn Mohammed ibn Arabshah el-
Isféraïni] sur les الفوايد الضيايية بحل مشكلات الكافية d'Abd er-
Rahman el-Djami.

Assez bon nestalik écrit presque sans points et d'une façon assez
médiocre probablement dans la Transoxïane. 188 feuillets ; 19,5 sur
13 centimètres. Reliure boukhare recouverte de papier jaune et rouge
signée Mohammed Shérif, fils de Hoseïn, avec la date de 1274 de
l'hégire (1857 de J.-C.).

Arabe 6420.

Fragment, sans commencement ni fin, d'un commentaire sur les
Koulliat ou premier tome du Canon d'Avicenne, commençant avec la
deuxième *djoumla* du second *taalim* du second *fenn* du premier
livre.

Les commentaires des *Koulliyyat* du Canon d'Avicenne sont très
nombreux et les plus anciens sont ceux de Fakhr ed-Din Mohammed
ibn Omar el-Razi († 606) qui fut réfuté par Mouaffik ed-Din ; de Kotb
ed-Din Ibrahim ibn Ali el-Misri († 618), de Yakoub ibn Ghanaïm, surnommé Mouaffik ed-Din el-Samiri († 681), qui combina les doctrines
de Fakhr ed-Din el-Razi avec celles de Kotb el-Misri, d'Émin ed-Daulèh
Aboul Féredj Yakoub el-Nasrani el-Karaki († 685), d'Ibn el-Néfis Ala
ed-Din Ali ibn Abil Hazm el-Shafeï († 687), de Kotb ed-Din Mahmoud
ibn Masoud el-Shirazi († 710), écrit en 674, de Yakoub ibn Abou Ishak
dont Hadji-Khalifa ignore la date exacte de la mort, mais qui présenta
son livre au sultan mamlouk el-Mélik el-Naser (et non el-Mélik el-

Mansour, ce qui est le titre de Kalaoun) Mohammed ibn Kalaoun. Cet auteur déclare qu'il prit pour modèle le commentaire de Fakhr ed-Din el-Razi, et qu'il suivit ce que dit dans son commentaire Afdal ed-Din el-Khoundji et ses réfutations d'el-Razi, il y joignit les objections du médecin Nedjm ed-Din ibn el-Minfakh et les réponses qu'elles comportaient ; Sédid ed-Din el-Kazérouni publia un commentaire des *Koul-liyyat*, sous le titre de توضيحات القانون, en 745 ; Ali ibn Abd Allah, plus connu sous le surnom de Zeïn el-Arab el-Misri, un autre en 751.

Bonne écriture neskhi cursive écrite presque entièrement sans points diacritiques vraisemblablement au XVe siècle. 22,5 sur 16,5 centimètres. Reliure en demi-parchemin.

Arabe 6421.

Les Séances de Hariri.

Cet exemplaire est précédé d'une table des chapitres d'une main du XVIIIe siècle.

Bon neskhi vocalisé copié à Alep sur un manuscrit appartenant à un personnage nommé Hosam ed-Din ibn Koutlough قطلق par Yousouf ibn Ibrahim ibn Mohammed ibn Zakaria el-Kourdi el-Hakkari à une date qui n'est pas indiquée, mais qui se place vraisemblablement dans la première moitié du XIVe siècle de J.-C. 122 feuillets. 21 sur 16 centimètres. Reliure en cuir brun estampé.

Arabe 6422.

Le même ouvrage.

Bon neskhi turc de la seconde moitié du XIXe siècle. 249 feuillets. 23 sur 13 centimètres. Reliure orientale en cuir rouge.

Arabe 6423.

المطول. Commentaire par Saad ed-Din Masoud ibn Omar el-Taftazani sur le تلخيص المفتاح de Djélal ed-Din Mohammed el-Kazwini.

Exemplaire incomplet de la fin écrit dans un assez bon neskhi du XVIe siècle. 174 feuillets. 24 sur 17 centimètres. Reliure en cuir brun.

Arabe 6424.

Gloses par le molla Hoseïn Tchélébi, sur le *Motavval* de Saad ed-Din Masoud ibn Omar el-Taftazani ; l'auteur était contemporain du molla Mousannifek, autrement dit Ala ed-Din Ali ibn Mohammed el-Shahroudi el-Bistami († 875). L'histoire que raconte Hadji-Khalifa (t. II, p. 406), d'après le *el-Shékaïk el-no'maniyyè*, n'empêche pas Hoseïn Tchélébi d'avoir écrit des gloses sur le *Motavval*.

Bon neskhi cursif du xviie siècle. Demi-reliure.

Arabe 6425.

Commentaire par Hoseïn ibn Mo'in ed-Din el-Meïboudi sur la الهداية, ou هداية الحكمة, traité de philosophie par Athir ed-Din Mofaddal ibn Omar el-Abhari († vers 660 de l'hég.). Un exemplaire de cet ouvrage se trouve dans le fonds arabe sous le n° 2363. Ce traité, dont la rédaction est excellente, est divisé en trois sections, traitant la première, de la logique, la seconde de la physique, la troisième de la théodicée.

Bon neskhi copié vers la fin du xviiie siècle. 125 feuillets. 19 sur 14 centimètres. Reliure en cuir souple.

Arabe 6426.

تحرير القواعد المنطقية فى شرح الرسالة الشمسية. Commentaire par Kotb el-Din el-Razi sur la *Shemsiyyè* de Nedjm ed-Din Omar el-Kazwini el-Katibi. Les premières pages de ce commentaire sont couvertes de gloses qui, suivant une indication écrite sur l'un des feuillets de garde, sont l'œuvre du السيد الشريف, c'est-à-dire d'Ali ibn Mohammed el-Djordjani.

Gros nestalik boukhare copié vers le milieu du xixe siècle. 266 feuillets. 27 sur 15 centimètres. Reliure boukhare signée Molla Mohammed Yousouf.

Arabe 6427.

Commentaire par le Seyyid Shérif el-Djordjani sur le تحرير القواعد, commentaire par Kotb ed-Din el-Razi sur la الرسالة الشمسية فى القواعد

المنطقية, traité de logique par Nedjm ed-Din Omar el-Kazwini. Ce commentaire commence par قوله ورتبته على مقدمة وثلاث مقالات هذا وجد عبارة المتن.

Bon neskhi daté du mois de Safar 1075 de l'hégire (1664 de J.-C.). 185 feuillets. 21 sur 14 centimètres. Reliure en cuir brun estampé.

Arabe 6428.

Gloses par Kara Daoud el-Khvafi, disciple de Saad ed-Din Omar el-Taftazani, sur les gloses que le Shérif Seyyid Ali ibn Mohammed el-Djordjani composa sur le commentaire par Kotb ed-Din Mahmoud ibn Mohammed el-Razi sur le traité de logique intitulé الرسالة الشمسية فى القواعد المنطقية; d'autres autorités attribuent ces gloses à un certain Daoud ibn Kémal el-Koutchévi.

Bon neskhi copié par Khalid ibn Hoseïn en 1207 de l'hégire (1792 de J.-C.). 128 feuillets. 21 sur 15 centimètres. Reliure en cuir rouge.

Supplément persan 1744.

روضة الصفا فى سيرة الانبيا والملوك والخلفا. Histoire générale du monde par Mirkhond; premier volume, comprenant l'histoire des prophètes et celle de la Perse jusqu'à Yezdégerd.

Bon nestalik copié par Abbas-Kouli, fils de Yol-Kouli Beg en 1068 de l'hégire (1657 de J.-C.). 370 feuillets. 29 sur 30 centimètres. Reliure orientale.

Supplément persan 1745.

نفحات الانس من حضرات القدس. Biographies des mystiques célèbres par Nour ed-Din Abd el-Rahman el-Djami.

Cet exemplaire est précédé d'une table des noms qui y figurent, avec renvoi à la pagination orientale du manuscrit.

Bon nestalik boukhare daté de 1079 de l'hégire (1668 de J.-C.). 383 feuillets. 22,5 sur 13 centimètres. Reliure boukhare recouverte de papier vert.

Supplément persan 1746.

تذكرة الشعرآ. Histoire des poètes par Dauletshah.

Bon nestalik persan du XVIIe siècle. 26 sur 16 centimètres. Reliure en cuir brun estampé.

Supplément persan 1747.

Recueil de recettes pharmaceutiques en persan, incomplet du commencement et de la fin, qu'une note contemporaine prétend être le كتاب اقرباذين d'Ismaïl ibn el-Hasan ibn el-Hoseïn el-Djordjani; ce recueil, malgré cette indication, n'a rien de commun avec le dernier livre du *Zakhirè-i Khvariẓmshahi* qui est un recueil de recettes pharmaceutiques. Il est suivi du *Khouff-i Alayi* qui est un abrégé par Ismaïl ibn el-Hasan ibn el-Hoseïn el-Djordjani de son immense traité intitulé *Zakhirè-i Khvariẓmshahi* et qu'il écrivit pour l'usage du Khvarizmshah Aboul Mouzaffer Atsiz.

Bon nestalik persan du XVIIIe siècle. 262 feuillets. 15,5 sur 10,5 centimètres. Reliure en cuir brun.

Supplément persan 1748.

Traité de médecine en persan qui, suivant une indication écrite sur un des feuillets de garde, est le زبدة الطب par Ismaïl el-Djordjani; manuscrit incomplet du commencement et de la fin.

Assez bon nestalik persan du XVIIIe siècle. 180 feuillets. 18,5 sur 11 centimètres. Reliure en peau noire.

Supplément persan 1749.

وسيلة المقاصد الى حسن المراصد. Traité de lexicographie persane à l'usage des enfants turcs, par el-Khatib Roustem el-Maulévi, divisé en trois chapitres et suivi d'un مثلث par Molla Ahmed.

Écriture turque passable copiée par Rizwan ibn Abd Allah en 1095 de l'hégire (1683 de J.-C.). 94 feuillets. 21 sur 15 centimètres. Cartonnage turc.

Supplément persan 1750.

1° Traité de la conjugaison arabe en persan, sans titre, ni nom d'auteur.

2° Traité sur la déclinaison et la conjugaison de la langue arabe, sans titre, ni nom d'auteur, divisé en cinq chapitres dont chacun est réparti en cinq sections.

3° Traité sans titre, ni nom d'auteur, sur la conjugaison des verbes arabes.

4° نسخهٔ نظم منشعبه. Traité en vers persans sur la conjugaison du verbe arabe.

5° زبده. Traité en prose persane par Zahir ad-Din Mohammed ibn Masoud el-Alévi sur la flexion des noms et des verbes dans lesquels entre une des trois lettres, *élif, vav, ya.*

6° نجومية. Abrégé sans nom d'auteur sur la grammaire arabe.

7° نسخهٔ مائة عامل. Traité en vers persans, sans nom d'auteur, dédié a un prince nommé Mo'in ed-Din Hoseïn

هست مدح خسرو غازى معين الدين حسين

حامى دين اقبال معدلت ظل خدا

d'après le célèbre traité d'Abd el-Kahir Djordjani.

Belles écritures talik indiennes copiées en 1238 et en 1239 de l'hégire (1822-1823 de J.-C.), par Ikbal ed-Daulèh Bourhan el-Moulk Mohsen Ali Khan Béhadour Nasret Djeng qui a imprimé plusieurs fois son cachet sur cet exemplaire ; 78 feuillets. 24 sur 15 cm. 5. Reliure en cuir brun.

Supplément persan 1751.

دیوان طالب آملی. Recueil des poésies de Talib Amoli, qui mourut en 1035 de l'hégire après avoir été le poète lauréat de Djihanguir.

Exemplaire s'arrêtant dans le courant de la lettre *mim.*

Bon nestalik persan de la fin du XVIIIe siècle. 94 feuillets. 20 sur 14 centimètres. Reliure en toile noire.

Supplément turc 1268.

ذيل ذيل سير نابى.Supplément, par Nezmizadè-i Baghdadi Mourtida Efendi, fils de Seyyid Ali Efendi Nezmi el-Baghdadi, au supplément écrit par Yousouf el-Katib, surnommé Nabi el-Rohavi († 1124), au درة التاج فى سيرة صاحب المعراج, histoire de Mahomet par le kadi Oveïs ibn Mohammed, plus connu sous le nom de Younis el-Uskubi († 1037 de l'hégire); le supplément de Nabi el-Rohavi est également connu sous le nom de ذيل نابى. Nezmizadè († 1133 de l'hégire, suivant Rieu et 1130 suivant Hadji-Khalifa. IV, 191) a laissé un Divan (Hadji-Khalifa VI, 574); il est l'auteur de notices biographiques sur les saints personnages qui sont enterrés à Baghdad ou dans ses environs, intitulées تذكرة الاولیا (Rieu, *Catalogue of turkish manuscripts*, p. 74), d'une traduction de l'histoire de Timour, par Ibn Arabshah (*ibid.*, 43), d'un traité sur la chasse intitulé باز نامه et traduit de l'arabe (*ibid.*, p. 127), d'une traduction du *Kabous-namè* de Keï-Kaous ibn Iskender (*ibid.*, p. 117), d'une histoire de Baghdad, comprenant celle des deux dynasties des Khalifes abbassides sous le titre de كلشن الخلفا (*ibid.*, p. 41). D'après Hadji-Khalifa (*Dict. bibl.*, VI, 544), Nezmizadè traduisit également l'histoire d'Ibn Arabshah en persan sous le titre de ترجمة اشهر اسما; le lexique de la chronique de Vassaf el-Hazret (*ibid.*, 556); il a aussi commenté les vers cités comme exemples (شواهد, par opposition à امثله, exemples en prose) dans le traité de grammaire intitulé *Moghni el-lébib* de Ibn Hisham *ibid.*, p. 606). Le lexique de la chronique de Vassaf el-Hazret est très vraisemblablement un des ouvrages qui ont été les sources de l'auteur du dictionnaire turk-oriental persan connu sous le nom de *Sengilakh* dont deux abrégés existent dans la littérature persane sous les titres de *Kitab-i Aden* كتاب عدن et de *Khilasè-i Abbassi*.

Bonne écriture turque du xviiie siècle. 91 feuillets. 24 sur 13 centimètres. Cartonnage turc.

Supplément turc 1269.

انوار اللغات و ازهار الكلمات. Dictionnaire arabe expliqué en turc osmanli, sans nom d'auteur.

Assez bonne écriture neskhi turque copiée en 1018 de l'hégire (1609 de J.-C.). 238 feuillets. 19,5 sur 14 centimètres. Cartonnage turc.

Supplément turc 1270.

Recueil des poésies de Baki باقى en turc osmanli, incomplet de la fin.

Bon nestalik turk du commencement du xviiie siècle. 116 feuillets. 17 sur 10 centimètres. Reliure en maroquin brun doré.

Supplément turc 1271.

تسهيل فى الطب. Abrégé d'un traité de médecine en turc osmanli par Hadji Pacha Aïdini, divisé en trois sections, *bakhsh*, traitant, la première de la médecine théorique et pratique, la seconde des drogues, le troisième des causes des maladies et de leurs symptômes.

Bon neskhi turc du xviiie siècle. 63 feuillets. 20 sur 14 centimètres. Reliure orientale en cuir estampé.

E. BLOCHET.

2440. — Tours, Imprimerie E. ARRAULT ET Cie.

ERNEST LEROUX, ÉDITEUR

28, RUE BONAPARTE (VIᵉ)

CATALOGUES DE LA BIBLIOTHÈQUE NATIONALE

MANUSCRITS ORIENTAUX

CATALOGUE DES MANUSCRITS PERSANS
par E. Blochet. 2 volumes in-8. Chaque volume . . . . 12 fr. »

CATALOGUE DES MANUSCRITS ARABES, PERSANS ET TURCS
de la collection de M. Ch. Schefer, par E. Blochet
In-8, avec 12 planches . . . . 7 fr. 5o

CATALOGUE DES MANUSCRITS ARABES, PERSANS ET TURCS
offerts à la Bibliothèque Nationale par M. J.-A. Decourdemanche,
par E. Blochet. In-8 . . . . 3 fr. »

CATALOGUE DES MANUSCRITS ARMÉNIENS ET GÉORGIENS
par Frédéric Macler. In-8 avec 5 planches. . . . . 12 fr. »

CATALOGUE DES MANUSCRITS SANSCRITS ET PALIS
par A. Cabaton. 2 volumes in-8. Chacun . . . . 6 fr. »
I. — Manuscrits sanscrits. — II. Manuscrits pâlis.

CATALOGUE DU FONDS TIBÉTAIN
par P. Cordier
1ʳᵉ partie (sous presse).
2ᵉ partie. Index du Bstan-Hgyur (Tibétain 108-179). In-8 . . . . 20 fr. »

CATALOGUE DES LIVRES CHINOIS
par Maurice Courant
2 volumes in-8 publiés en 8 fascicules.
Fascicules I à IV. Chacun 8 fr. — Fascicule V . . . . 10 fr. »

LIVRES ET ALBUMS ILLUSTRÉS DU JAPON
réunis et catalogués par Théodore Duret
In-8, gravures dans le texte et planches en couleurs . . . . 7 fr. 5o

CARTES ET ESTAMPES

CARTES ET GLOBES
relatifs à la découverte de l'Amérique, du XVIᵉ au XVIIIᵉ siècle
40 planches sur cuivre, texte par Gabriel Marcel
Un atlas in-folio et un volume de texte . . . . 100 fr. »

CARTES ET MAPPEMONDES DES XIVᵉ ET XVᵉ SIÈCLES
avec une introduction par Gabriel Marcel
16 planches grand in-folio, en un carton . . . . 40 fr. »

CHOIX DE MANUSCRITS, D'IMPRIMÉS, DE CARTES
Exposés à l'occasion du Congrès des Orientalistes (1897). In-18, planches. 2 fr. »

ATHÈNES AU XVIIᵉ SIÈCLE
Dessins des sculptures du Parthénon attribués à J. Carrey et conservés
à la Bibliothèque Nationale, accompagnés de vues et plans d'Athènes
et de l'Acropole, reproduits d'après les originaux et précédés de notices, par Henri Omont, de l'Institut.
In-folio, accompagné de 46 planches. . . . . 5o fr. »

2440. — Tours. — Imprimerie E. Arrault et Cⁱᵉ.

www.ingramcontent.com/pod-product-compliance
Ingram Content Group UK Ltd.
Pitfield, Milton Keynes, MK11 3LW, UK
UKHW020323130726
13696UKWH00003B/1139